Hohenheimer Gärten

Geschichte und Kunst

D1703868

Adolf Martin Steiner

Ulrich Fellmeth

Matthias Frisch

Hohenheim 2008

Luftbild von Hohenheim und die einzelnen, nummerierten Stationen, siehe gegenüberliegendes Inhaltsverzeichnis

Inhalt

*„In einem Garten ging das Paradies verloren,
in einem Garten wird es wiedergefunden."*

Blaise Pascal, 1623 - 1662
Mathematiker und Philosoph

Zur Entstehungsgeschichte des Büchleins

Die Hohenheimer Gärten sind ein gartenbauliches Juwel,
eine wissenschaftliche Kostbarkeit, eine Oase der Ruhe
und ein historischer Ort der Landesgeschichte. Dazu ber-
gen die Hohenheimer Gärten neben historischen Bauwerken eine nicht geringe Zahl an modernen Kunstwerken. Ein
Autor, Adolf Martin Steiner, lernte bei Gartenführungen,
dass gerade auch diese Kunstwerke die besondere Aufmerksamkeit der Besucher wecken. So nahm er mit den
Künstlern Kontakt auf und beschrieb diese Kunstwerke, die
zum vollen Verständnis oftmals einer Beschreibung bedür-
fen, für die Anwohner im „Plieninger Boten", in den „birkacher notizen" und in „Asemwald intern". Dieses sind die
Ortsteilzeitschriften des Stuttgarter Stadtbezirks Plienin-
gen-Birkach, zu dem auch Hohenheim zählt. In Verbindung mit den Gartenführungen und häufigen Nachfragen
reifte in ihm schließlich der Gedanke, allen interessierten
Besuchern eine überarbeitete, zusammenfassende Darstellung der Kunstwerke bereitstellen zu wollen. Da nun aber
die historischen Bauwerke ebensolche Aufmerksamkeit
finden wie die Kunstwerke, gesellte sich ihm gerne ein
ausgewiesener Kenner der Geschichte Hohenheims, Ulrich
Fellmeth, als Autor für die Beschreibung der Bauwerke
hinzu. Ulrich Fellmeth besitzt dazu große Erfahrung in der
Herausgabe von Druckwerken und brachte diese wertvollen Kenntnisse in das Vorhaben mit ein. Beide Autoren
kannten nun einen begeisterten Fotografen der Gärten,
Matthias Frisch, den sie als Autor zur bildlichen Ausgestal-
tung der geplanten Darstellung gewinnen konnten. Und so
machten sich schlussendlich alle drei gemeinsam daran, ein
kleines Büchlein, ein *Vademecum*, zu schaffen, das der
Freundin und dem Freund der Hohenheimer Gärten auf ih-

rem Gang die Wege weist, durch kurze Beschreibungen die Geschichte der historischen Bauwerke und die Bedeutung der modernen Kunstwerke erzählt und mit trefflichen Fotos bebildert ist. Dazu wird in dem Büchlein von einigen berühmten Besuchern der Englischen Anlage Herzog Carl Eugens berichtet, der ersten, 1776 gegründeten Gartenanlage in Hohenheim, von der uns noch ein Teil, der Exotische Garten mit seinen historischen Bauwerken, überkommen ist.

Das schmale Format des Büchleins soll den Besuchern auf ihren Spaziergängen die Mitnahme in der Jackentasche erlauben, und der reich bebilderte breite Rand auf den Seiten soll es Interessierten dazu ermöglichen, an Ort und Stelle Anmerkungen einfügen zu können.

Wir Autoren übergeben unser Büchlein, das auf Anregung vieler Besucher und Gartenfreunde entstanden ist, nun eben diesen Besuchern und Gartenfreunden. Damit versuchen wir zugleich, ihnen nicht nur die nachgefragte Information zu vermitteln, sondern darüber hinaus auch etwas von unserer großen Freude an den Hohenheimer Gärten weiterzugeben, die uns dazu bewegte, das Büchlein für sie zu gestalten. Denn jeder Garten ist und natürlich besonders die Hohenheimer Gärten sind ein heimlicher Traum von einem kleinen Stück vom Paradies.

Die Autoren

„Tulpenplatzl" hatte der Künstler vor vielen Jahren den Entwurf einer Skulptur in seinem Skizzenblock genannt. Als Kunst am Bau in der Fruwirthstraße 21 vor dem Institut für Pflanzenzüchtung, Saatgutforschung und Populationsgenetik der Universität Hohenheim wurde der einstige Entwurf Wirklichkeit. Fritz Schwegler aus Breech im Stauferland, dort auch 1935 geboren, ein weltweit gereistes, künstlerisches Multitalent, das zeichnet, malt, modelliert, baut, fotografiert, gießt, schreibt, dichtet, singt, musiziert und über 25 Jahre als Professor an der Kunstakademie Düsseldorf lehrte, hat aus der unerschöpflichen Fülle seiner Einfälle diese Skulptur geschaffen. Knospe und genauer Blütenknospe nennen die Betrachter heute die Skulptur, die allenthalben große Aufmerksamkeit auf sich zieht. Wie kommt es, dass ein Kunstwerk solches Interesse findet und unvermittelt und einvernehmlich einen Namen zugeeignet bekommt?

1

Die Blütenknospe

Wer den Gehweg in der Fruwirthstraße entlang geht, ob von Westen oder Osten, wird zunächst des mächtigen Quaders des Institutsbaus gewahr, der auf der gegenüberliegenden Seite der Straße zurückgesetzt, langgestreckt ruht. Die Fassade des zweigeschossigen, verputzten Betonbaus wird durch zahlreiche schlanke, hohe, in Gruppen angeordnete Fenster gegliedert. Ein drittes, gläsernes Stockwerk sitzt nach hinten versetzt und im Erscheinungsbild zurücktretend obenauf. Im goldenen Schnitt wird der Bau durch ein Treppenhaus in einen kürzeren östlichen und einen längeren westlichen Flügel geteilt. Und genau vor diesem gläsernen Treppenhaus, auf dem Vorplatz zum Ein-

gang in das Institutsgebäude steht die Skulptur zur Straße hin. Sie springt den Vorübergehenden in ihrer Besonderheit sofort ins Auge. Denn vor dem nüchtern rechtwinkligen Muster der farblich zurückhaltend gestalteten Fassade mit den vorherrschenden vertikalen Elementen steht die vier Meter hohe Skulptur selbständig frei in einem faszinierenden Kontrast. Auf einer schmalen, hohen Säule, welche die senkrechte Gliederung des Baus aufnimmt und dadurch als Knospenstängel fast nicht wahrgenommen wird, ruht unverhältnismäßig ausladend die aus Weißzement gegossene Urform einer Blütenknospe. Ein praller, rundovaler Blütenboden läuft auf halber Höhe in fünf dreieckige Blattansätze aus, die als aufstrebende Zacken einem inneren Blütenkegel aufliegen, der elegant spitz endet. Verhalten ruhend, und doch unendlich gespannt vor dem Aufbrechen zur Entfaltung der Blüte vermittelt die Knospe den Eindruck bedingungslosen Lebenswillens, aus Stein geschaffener, unbezwingbarer Lebenskraft.

Zum einen verkörpert diese aus runden und gezackten Formen gebildete Urform Blütenknospe nun für sich schon höchste Vollendung, zum andern wird deren Wirkung aber noch verstärkt durch das horizontale Profil des Flachdachs über dem Eingang und durch das nüchtern streng rechtwinklige Muster der Fassade im Hintergrund: prall und rund, flach und eckig; künstlerisch schöpferische Lebensfülle und materialgerecht funktionale Architektur sind hier bewusst gewählte, gegensätzliche Gestaltungs- und Wesenselemente. In der Zusammenschau dieser Formen und der Maßbezogenheit der Teile zueinander entwickelt die Blütenknospe ihre phantastische Wirkmächtigkeit.

Gläsern durchscheinend ist der Hintergrund der Skulptur, quert der Betrachter die Straße und schreitet an der Blütenknospe vorbei zum Eingang des Gebäudes. Betritt er das Gebäude, erkennt er, dass zahlreiche Säulen sowohl in glatter Form als auch mit einer trichterförmig runden Ausbuchtung ein zugleich tragendes und künstlerisches Element des Treppenhauses und der davon ausgehenden Gänge bilden. Die Säulen mit Ausbuchtung im Eingangsbereich stehen dabei wie Grashalme mit Knoten in unmittelbarer Beziehung zur Blütenknospe vor dem Eingang. So ergeben auch Baukonstruktion und Skulptur ein lebendiges Miteinander.

Der Bau stand zuerst, die Skulptur danach. Herr Schwegler war wahrlich ein Künstler in der Wahl, Gestaltung und Platzierung seiner Skulptur als Zentrum eines vielfältigen Beziehungsgeflechts. Denn nicht nur mit dem Bau steht die faszinierende Blütenknospe in Wechselwirkung, nein, auch das sie umgebende universitäre Umfeld von Forschung und Lehre bildet sie ab und wirkt zugleich sinnbildlich in dieses hinein. Das unbekannte Wissen, das forschend noch ergründet werden muss, und die jugendliche Persönlichkeit der Studierenden, die reifend noch entfaltet werden muss, sind wie in einer Blütenknospe verborgen. Und nicht zuletzt verbindet die Blütenknospe das Bauwerk mit den Grünflächen des Universitätsgeländes, mit den Hohenheimer Gärten und mit den landwirtschaftlichen und gartenbaulichen Versuchsflächen. Die Blütenknospe in der Fruwirthstraße, ein wahrlich ausdruckstarkes und beziehungsreiches Kunstwerk Hohenheims. (A. M. Steiner)

2
Der Hohenheimer Friedhof

Mit Schreiben vom 28. Februar 1853 eröffnete die Centralstelle für die Landwirtschaft dem Hohenheimer Direktor Volz, „daß das K. Ministerium des Kirchen- und Schulwesens durch höchste Entschließung vom 11. d. M. die Errichtung eines Beerdigungsplatzes für die Filialgemeinde Hohenheim an dem von Herrn Direktor Volz […] angegebenen Platze von einem achtels Morgen […] genehmigt hat." Bedingung war aber, dass Hohenheim die oben genannte Fläche stelle und die Umfriedung sowie die zukünftige Unterhaltung des Begräbnisplatzes selbst zu bezahlen habe. Und tatsächlich: Hohenheim, die damalige Landwirtschaftliche Akademie, erhielt ihren eigenen Friedhof. Bald fanden dort teils weniger bekannte, teils aber auch sehr berühmte Hohenheimer ihre letzte Ruhestätte, so etwa Prof. Franz v. Fleischer, der von 1840 - 1878 die Naturwissenschaften lehrte und im Grab seines 1855 verstorbenen Sohnes Armin bestattet war.

Der mit „ein achtels Morgen" etwa 4 ar umfassende Friedhof stellte sich bald als zu klein heraus, so dass er im Jahre 1887 um noch einmal dieselbe Fläche nach Norden hin vergrößert werden musste. Fortan stand ein für Hohenheim hinreichend großer Friedhof zur Verfügung. Im selben Jahr wurde auch eine Friedhofsordnung aufgestellt.

Eine neuerliche Erweiterung des Friedhofs ergab sich im Jahre 1945. Der Chef des in Hohenheim eingerichteten Feldlazaretts, Oberfeldarzt Dr. Reuß, beantragte am 25. April, fünf Tage nach dem „Einmarsch",

„auf dem Gelände [… des] Friedhofes einen kleinen Heldenfriedhof anzulegen, um die Gefallenen [… und die im Lazarett gestorbenen Soldaten] an dieser Stelle zu beerdigen." Obwohl sich ein Professor, der eine anliegende Dienstwohnung innehatte, gegen diese Erweiterung in Richtung seiner Wohnung „in scharfen Worten" ausgesprochen hatte, wurde die abermalige Erweiterung von den in Hohenheim anwesenden Professoren unverzüglich genehmigt. Dadurch wurde die Fläche des Hohenheimer Friedhofs von etwa 8 ar um weitere 6 ar auf die heute noch gültige Ausdehnung vergrößert. Seitdem stehen im Norden des Friedhofs die Kreuze von sechs jungen Soldaten.

Heutzutage sind knapp 200 Begräbnisstätten möglich und ein Urnengrabfeld mit 15 Urnenfeldern bietet Platz für maximal 45 Urnen. Derzeit sind jedoch nur etwa 100 Grabstellen belegt, allerdings bei einer großen Zahl von Vormerkungen. Wie schon im Jahr 1853 festgelegt wurde, unterliegt der Hohenheimer Friedhof bis heute der Verwaltung der Universität Hohenheim, auch wenn die Friedhofsordnung inzwischen derjenigen der Stadt Stuttgart entspricht. Dennoch: Der Rektor der Universität entscheidet über die Überlassung einer Grabstelle. Grundsätzlich können nur Hohenheimer Bedienstete und deren Ehegattinnen/-gatten sowie deren Kinder auf dem Friedhof beerdigt werden. Und übrigens: Wegen der verwaltungsrechtlichen Sonderstellung des Hohenheimer Friedhofs auf landeseigenem Gelände sieht die Stadt Stuttgart den Hohenheimer Friedhof nicht als einen städtischen an. Deshalb erscheint er in städtischen Unterlagen und Veröffentlichungen über Friedhöfe nicht.

Obwohl die Universität mit ihrem Friedhof eine unter den Universitäten ein-

zigartige, historische Kostbarkeit besitzt, war ihm in den vergangenen Jahrzehnten nur wenig Pflege zugekommen. Das traurige Bild, das er beim Jahrtausendwechsel bot, wurde jedoch im Jahre 2005 auf Initiative der Universität Hohenheim, des Universitätsbauamts und mit Hilfe hochherziger Spender grundlegend verändert. So wurden Gehölze gerodet, zu dichter Bewuchs herausgeschnitten und Bäume vom wuchernden Efeu befreit. Aufgelassene Gräber wurden abgeräumt, die Grabsteine und Umrandungen historischer Gräber wieder hergerichtet und diese bepflanzt.

Abgängige Grabsteine verdienter Hohenheimer wurden und werden freilich nicht einfach entfernt, sondern auf der Grünfläche westlich des Soldatenfriedhofs in der Art eines Ehrenhains wieder aufgestellt als Zeugen der Geschichte Hohenheims. Auf einem der dort aufgestellten Grabdenkmäler und zugleich dem ältesten erhaltenen Grabstein, jenem von Franz v. Fleischer, der, wie schon erwähnt, von 1840 bis 1878 die Naturwissenschaften lehrte, d. h. Botanik, Zoologie, Chemie und Geognosie mit Mineralogie, ist zu lesen: „Die Liebe höret nimmer auf". Dieser bekannte Spruch aus Korinther 13,8 ist ein guter Leitspruch für den nun neu gestalteten Friedhof von Hohenheim in dem Sinne, dass der Friedhof, mitten im Universitätsgelände zwischen Instituten gelegen, für die Universität ein bedeutungsvoller Ort der Stille ist und zugleich ein wertvolles historisches Denkmal, an dem von den Vorübergehenden und Verweilenden den Vorausgegangenen für immer ein achtungsvolles und ehrendes Andenken bewahrt wird. (U. Fellmeth)

Gegenüber dem Nord-Ost-Ausgang des Exotischen Gartens, Ecke Garbenstraße und August-von-Hartmannstraße, steht auf dem Platz vor dem Ökologiegebäude eine seltsam anmutende, aus Metall und Kunststoff gefertigte, sechseckige Säule mit einer aufgesetzten Plexiglasröhre. Die Säule ist knapp vier Meter hoch und strahlt hell mit grünen, blauen, roten und gelben Lichtpunkten ins Rund. Ganz oben zeigt sie weithin sichtbar mit den leuchtend roten Buchstaben N, O, W und S die Himmelsrichtungen an. In der Dämmerung und des Nachts funkelt es besonders geheimnisvoll. Treten wir dem Rätsel näher.

3

Der Turm der Winde

Der „Turm der Winde" an der Garbenstraße

Der Stuttgarter Künstler und Konstrukteur Ulrich Bernhardt, 1942 in Tübingen geboren, bezeichnet seine 2005 aufgestellte Säule als interaktive, kinetische Skulptur. Zum einen ist das apparative Kunstwerk nämlich schiere Technik, zum andern aber zugleich voll Leben. Denn der kenntnisreiche Hohenheimer Wetterfrosch, Frau Diplom-Meteorologin Ingeborg Henning-Müller vom Institut für Physik und Meteorologie der Universität Hohenheim (Leiter Prof. Dr. V. Wulfmeyer) speist der Skulptur über den Zentralrechner und ein Elektrokabel wie mit einem Herz und einer pulsierenden Nabelschnur die aktuellen Messwerte der Hohenheimer Wetterstation ein. So durchströmt sie ständig ein Datenfluss ähnlich Gehirnströmen. Sechs Kabinette geben wie kleine Schaufenster elektronisch wichtige Klimamesswerte an. Das Kabinett gegen Süden zeigt die Bodentemperaturen in +5, -2, -5, -10 und -20 cm Tiefe. Liegen die Temperaturen über dem Gefrierpunkt, werden sie rot angezeigt, liegen sie darunter, blau. Im nächsten Kabinett wird die Lufttemperatur in 2 m Höhe wiederum je nach Lage rot bzw. blau angezeigt, der Luftdruck grün und die Luftfeuchtigkeit blau. Die Mondphasen Neumond, abnehmender oder zunehmender Mond sowie Vollmond leuchten auf einer Schuhsole wandernd im darauffolgenden Kabinett als Silhouetten milchigweiß auf. Im vierten Kabinett steht eine Tafel, auf der von oben nach unten gruppiert die Tage der zwölf Monate eines Jahres angeordnet sind, jeder Tag ist durch eine Bohrung mit einer Leuchtdiode ausgewiesen. Hier glimmen ganzjährig jene Sonnentage goldgelb, an welchen 80 % der theoretisch möglichen Sonnenscheindauer überschritten wurde. Im Kabinett daneben wird der Ozongehalt der Luft angegeben. Die Anzahl der über der Messwertangabe angeordneten, grünen Lichtpunkte im verlängerten Hals eines umgekehrten, riesigen Rundkolbens, der den

Die bunte Messwert-anzeige

oberen Teil der Säule füllt, nimmt mit steigendem Ozongehalt der Luft zu. Werden die gesetzlich vorgeschriebenen Schadschwellenwerte überschritten, schlägt die Farbe warnend in Gelb und schließlich in Rot um. Das letzte der sechs Kabinette ist leer. Warum? Die Forschung schreitet ständig voran, aber wir wissen vieles noch nicht, und so ließ der Künstler dieses Kabinett frei für den noch unbekannten Klimafaktor. Vielleicht ist es jener, der uns den Schlaf raubt, uns aber auch erholsamen Schlaf schenkt, der unser Gemüt bedrückt, uns aber auch frohes Gemüt verleiht? Das Kabinett gibt keine Antwort. Schauen wir abschließend himmelwärts, so leuchten unten am Deckel der Skulptur ringförmig angeordnet blaue Lichtpunkte auf, und ein intensiv leuchtender Pfeil weist in die Richtung, woher der Wind weht. Hinzu kommt, dass sich in der aufgesetzten Plexiglasröhre zentral eine dünnere Röhre befindet, in der eine Lichterkaskade je nach der Windgeschwindigkeit grün, dann gelb und bei Sturm warnend rot aufleuchtet.

„Turm der Winde", ist der Name dieser Skulptur. Im antiken Athen stand schon zu Zeiten Christi Geburt auf dem römischen Markt ein achteckiger, über zwölf Meter hoher, mächtiger Turm der Winde als Wetterstation mit Sonnenuhr. Dieser Turm ist noch erhalten und gab allen späteren Einrichtungen dieser Art den Namen. Achteckig weist er die Hauptwindrichtungen und die Zwischenwindrichtungen aus, und die acht Windgötter sind groß auf einem Relieffries abgebildet. Die Athener als Seefahrervolk wussten um die Bedeutung der Winde. Der Hohenheimer Turm ist nun aber nur sechseckig. Da fragt man sich: Ist das künstlerische Freiheit oder eine Anpassung an die Sparmaßnahmen im Bildungsbereich? Wie dies auch sei, das Wetter ist unbeherrschbar

Der „Turm der Winde" vor dem Ökologiegebäude

und unvorherbestimmbar, viele Naturkatastrophen der jüngsten Vergangenheit führten uns dies vor Augen.

„Denn niemals ist etwas, sondern wird immer", lautet der Spruch des Philosophen Platon, den der Künstler auf dem Rundkolben umlaufend einätzte. Deshalb kann auch der Hohenheimer Turm der Winde die alltäglich wohl geläufigste Frage: „Wie wird das Wetter?", letztendlich nicht sicher beantworten. Aber er fasziniert als Kunstwerk und fasziniert als Wetterstation. Er ist wahrlich eine interaktive Skulptur, die uns herausfordert, sich mit ihr zu beschäftigen, der bunten Lichter wegen am besten morgens vor Sonnenaufgang, wenn der Tag graut, oder aber abends nach Sonnenuntergang in der Dämmerung zur blauen Stunde, wenn die Nacht heraufzieht. (A. M. Steiner)

Das Spielhaus mit der Staudenterrasse im Exotischen Garten

Das Spielhaus, im Norden des „Exotischen Gartens" der Universität Hohenheim gelegen, ist eines der beiden noch erhalten gebliebenen Gebäude der ehemaligen „Englischen Anlage" von Hohenheim.

Herzog Carl Eugen und seine Gemahlin Franziska von Hohenheim hatten von 1772 bis etwa 1790 in der von ihnen „Dörfle" genannten Parkanlage eine Phantasielandschaft mit nicht weniger als 60 Szenen entstehen lassen: Es befanden sich dort antike Ruinen, mittelalterliche Bauwerke, Repräsentationsbauten und einfache ländliche Gebäude. Zu den Repräsentationsbauten zählte auch das sogenannte Spielhaus. Als eines der letzten Gebäude in diesem Garten wurde es 1788/89 errichtet. Das Spielhaus diente dem Herzogspaar als Ort für gesellige und festliche Veranstaltungen, und für die Jüngeren gab es vor der Türe einen großen Spielplatz. Eine Beschreibung aus dem Jahr 1795 stellt das Ambiente vor: „Der grüne, ebene Platz ist einer der geräumigsten des ganzen Gartens, und wird überall von Bäumen und Gesträuchen umgeben. Schöne Spazierwege schlängeln sich auf demselben herum, und auf seiner weiten Fläche sind Kegel-Bahnen, Fortuna-Spiele, verschiedene Schaukeln, und andere Belustigungs-Arten, die unter freiem Himmel unterhalten werden können, reichlich angebracht: so dass man sich eine große Menge denken darf, die sich hier zu gleicher Zeit erfreuen kann. Am einen Ende des Platzes stehet das Spiel-Haus. Es ist der Gesell-

4

Das Spielhaus

Das „Spielhaus mit dem Spielplatz". Colorierter Stich nach V. Heideloff, 1795

schaft gewidmet, die sich bei rauer Zeit dahin flüchtet, oder sonst lieber unter dem Dach sich vergnügen will." Eine andere Beschreibung aus dem Jahr 1797 bemerkt dazu: „Das Spielhaus und der Spielplatz [sind] der gemeinschaftlichen Erholung nach der Arbeit, einem erlaubten und fröhlichen Genuß des Lebens geweiht. [Hier treffen sich] Menschen, die ihr Tagwerk gewissenhaft vollbrachten und sich am heiteren Abend vereinen, um sich der erfüllten Pflicht zu erfreuen und für den kommenden Tag durch eine leichte Erholung zu stärken."

Auch Kronprinz Wilhelm, der spätere König Wilhelm I. und Gründer des Landwirtschaftlichen Instituts in Hohenheim, soll sich gerne im Spielhaus aufgehalten haben. Er hat wohl veranlasst, dass das Gebäude 1816 nochmals restauriert wurde. Im Jahre 1841 – wiederum in der Regierungszeit von König Wilhelm I. – wurde das Spielhaus grundlegend verändert: Die vorgeblendeten Säulen an der Fassade wurden entfernt und das Gebäude um eine Gärtnerwohnung aufgestockt. Dabei wurden auch die Wände des Saals im Erdgeschoss vom württembergischen Hofdekorationsmaler Joseph Neher mit Ansichten vom Englischen Garten nach Motiven von Viktor Heideloff ausgeschmückt. Diese Wandmalereien geben uns heute, da ja fast alle Gebäude und Monumente des alten Englischen Gartens verschwunden sind, einen Eindruck von der ehemaligen Pracht.

Sibirische Zwiebel

Die Gärtnerwohnung im Obergeschoß blieb erhalten, sie dient bis heute als Dienstwohnung der Universität Hohenheim. Der Saal hingegen wurde als Abstellraum genutzt und verfiel zusehends. Von 1929 bis 1967 wurde er dann als Betsaal der evangelischen Kirchengemeinde Hohenheims genutzt, die Wandmalereien waren in dieser

Zeit allerdings verhängt worden. Von 1968 bis 1976 wurde der Saal wiederum als Abstellkammer verwendet, was zu großen Schäden führte.

Das Spielhaus, Eingang ins Museum

Um Schlimmeres zu verhüten, fasste die Universitätsleitung im Jahr 1976 den Entschluss, den Saal und insbesondere die Wandmalereien und die Stuckornamente restaurieren zu lassen, um dort das Museum zur Geschichte Hohenheims einzurichten. Seitdem ist dort in einer Dauerausstellung die Geschichte des Orts Hohenheim seit dessen Gründung im 9. Jahrhundert, die Zeit Herzog Carl Eugens und Franziskas in Hohenheim, der Bau und die Geschichte des Hohenheimer Schlosses und der Hohenheimer Gärten sowie die Hintergründe für die Gründung und die Entwicklung der Hochschule vom Institut im Jahre 1818 zur Akademie, Landwirtschaftlichen Hochschule und schließlich zur heutigen Universität Hohenheim dargestellt. Eine ganz besondere Attraktion für die Besucher des Museums ist ein plastisches Modell der Englischen Anlage, so wie diese mit allen Bauwerken Ende des 18. Jahrhunderts ausgesehen hat. Zugleich geben die Wandmalereien im Saal, in dem sich das Museum zur Geschichte Hohenheims nun befindet, der Ausstellung einen würdigen und ausgesprochen passenden Rahmen. Darüber hinaus werden im Spielhaus ständig Sonderausstellungen gezeigt, die teils künstlerische, teils historische Themen aufgreifen, die in einem Zusammenhang mit Hohenheim und der Hohenheimer Universität stehen.

Die Dauerausstellung und die Sonderausstellungen ziehen alljährlich etwa 15.000 Besucher ins Spielhaus. Dadurch wird das Spielhaus auch zum attraktiven Mittelpunkt des Exotischen Gartens. Der herrliche Ausblick vom Spielhaus über die wunderschöne Staudenterrasse hinweg in die weite Parklandschaft hinein trägt mit dazu bei.
(U. Fellmeth)

Baumgruppen am Japansee zwischen
Spielhaus und Römischem Wirtshaus

Friedrich Schiller, der große Dichter und Historiker, kannte die Hohenheimer Gärten schon aus seiner Zeit als Schüler der berühmt-berüchtigten Hohen Carlsschule in Stuttgart. Er hat dem Gang nach Hohenheim zu seinem Landesherrn einst in seinem elegischen Gedicht „Der Spaziergang" ein faszinierendes, literarisches Denkmal gesetzt. Fragen wir nun: „Was hielt Friedrich Schiller von Herzog Carl Eugens Englischem Garten in Hohenheim, den Franziska ihr „Dörfle" nannte?"

5

Schillers Gedanken zu Herzog Carl Eugens Englischem Garten in Hohenheim

Die „Englische Anlage", wie der Garten bezeichnet wurde, war damals knapp 21 Hektar groß und enthielt nahezu 60 Bauwerke. Davon waren ein Drittel römisch-antik, mehr als ein Drittel zeitgenössisch-ländlich und der Rest mittelalterlich und zeitgenössisch-repräsentativ. Wir besitzen eine detaillierte Karte dieser Gartenanlage, und im Museum zur Geschichte Hohenheims im Spielhaus steht ein großes, plastisches Modell, das alle Wasserläufe, Wege und Bauwerke in stark verkleinertem Maßstab abbildet. Dazu bieten Bilder des Malers Joseph Neher nach den Vorlagen von Victor Heideloff rundum an den Wänden idealisierte Szenen aus der einstigen Anlage.

Der Gartenplan der „Englischen Anlage in Hohenheim". Colorierter Stich nach V. Heideloff, 1795

Zunächst irritiert den Betrachter die erstaunliche Vielfalt und die verwunderliche Zusammenstellung der Bauwerke, ein unübersichtliches Sammelsurium auf relativ engem Raum, wohl kaum mehr ein englischer Landschaftsgarten mit Freiflächen, Baumgruppen, Teichen, verschlungenen Wegen und vielfältigen Sichtbeziehungen. Hinter der bunten und scheinbar willkürlichen Szenerie der Bauwerke aber stand die gleichnishafte Idee eines der letzten barocken Herrscher: Die antiken und ländlichen Gebäude als Ensemble betrachtet sollten nämlich zeigen, dass aus den Ruinen des alten Rom neues, ländliches Leben erblüht, dass die vergängliche Pracht und Sittenverderbnis der Stadt der Schlichtheit und Tugendhaftigkeit weicht, und nur das einfache, dörfliche, bäuerliche Leben Bestand hat; eine sehr originelle, romantische Idee. So standen beispielsweise die heute noch als Trümmer erhaltenen „Drei Säulen vom Tempel des donnernden Jupiter" vom berühmten Forum Romanum als Ruine mitten in einem Kornfeld, und ein kleines Bauernhaus stand nahebei. Welch ein Kontrast! Ein Symbol für den imperialen, römischen Niedergang in einem alljährlich neu wachsenden, reifenden und nahrungsspendenden, zeitlosen Kornfeld.

Der „Mercurs-Tempel" in der „Englischen Anlage in Hohenheim". Colorierter Stich nach V. Heideloff, 1795

Schiller erkannte die einmalige Besonderheit des Hohenheimer Gartens, die ihn gegenüber anderen zeitgenössischen Gartenanlagen deutlich hervorhob. So lobte er in einer Besprechung zu Cottas Gartenkalender von 1795 die beispielsweise Goethe bei seinem Besuch in Hohenheim verborgen gebliebene, geistvolle Konzeption dieser barocken Gartenanlage und schrieb:

„Es wird ... nicht weniger überraschen, in
einer Komposition, die man so sehr geneigt
war, für das Werk der Willkür zu halten, eine Idee herrschen zu sehen. ... Die meisten
Reisenden, denen die Gunst widerfahren ist,
die Anlage in Hohenheim zu besichtigen ...
haben die Einbildungskraft nicht begreifen
können, die sich erlauben durfte, so dispara-
te Dinge in ein Ganzes zu verknüpfen. Die
Vorstellung, dass wir eine ländliche Kolonie
vor uns haben, die sich unter den Ruinen einer römischen Stadt niederließ, hebt auf
einmal diesen Widerspruch und bringt eine
geistvolle Einheit in diese Komposition.
Ländliche Simplizität und versunkene städ-
tische Herrlichkeit, die zwei äußersten Zu-
stände der Gesellschaft, grenzen auf eine
rührende Art aneinander, und das ernste Gefühl der Vergänglichkeit verliert sich wunderbar schön im Gefühl des siegenden Lebens." Darüber hinaus merkte Schiller an:
„zugleich ein symbolisches Charakterge-
mälde ihres so merkwürdigen Urhebers",
war doch das ungestüme, ausschweifende
Leben der frühen Jahre des Herzogs nach
politischen Widerständen, seiner Verbindung mit Franziska und dem Umzug nach
Hohenheim in eine mildere, reifere Phase

Die „Meierei"
in der „Englischen
Anlage in Hohenheim".
Colorierter Stich nach
V. Heideloff, 1795

der späteren Jahre übergegangen, die dazu noch gesundheitliche Beschwerden mit sich brachten. Der einstige Despot, verunsichert durch die Zeitläufte und persönliche Umstände, zog sich in seinem der Öffentlichkeit nicht zugänglichen Garten auf die vornehme Rolle des kunst- und naturverbundenen Landedelmanns zurück.

Schillers Verhältnis zum Herzog war zwiespältig. Zum einen verdankte er ihm seine ausgezeichnete Ausbildung in der Hohen Carlsschule, zum anderen hatte er unter dem Drill und vor allem der beruflichen Gängelung durch den Herzog so sehr gelitten, dass er schlussendlich aus seiner Heimat floh. Dazu war ihm sicher nicht verborgen geblieben, dass es vielen Gebäuden im Garten an ästhetischer Qualität und handwerklicher Meisterschaft mangelte. Ungeachtet all dessen fand Schiller aber diese anerkennenden Worte für des Herzogs Gartenkunst. Von der einst großen Gartenanlage blieb der Exotische Garten - Landesarboretum mit gut 9 Hektar erhalten, von den etwa 60 Gebäuden lediglich das später um ein Stockwerk erweiterte Spielhaus, das Wirtshaus zur Stadt Rom und die Trümmer der drei Säulen des donnernden Jupiter. Auch wenn wir heute nur noch diesen kleineren Gartenteil mit drei historischen Gebäuden haben, so blieben im Volksmund dennoch der Name „Dörfle" und eine lebhafte Vorstellung davon bis heute lebendig.   (A. M. Steiner)

Herbstlicher Ginkgo

Franziska Theresia, geborene Freiin von Bernerdin und geschiedene Freifrau Leutrum von Ertingen, war zunächst als Reichsgräfin von Hohenheim die Mätresse, dann aber die zweite Ehefrau Herzog Carl Eugens und damit Herzogin von Württemberg. Sie wurde 1748 in dem zwischen Gaildorf und Ellwangen gelegenen Dorf Adelmannsfelden geboren und verstarb am Neujahrstag 1811 im Schloss Kirchheim unter Teck. Wohl wurde sie in der Kirchheimer Martinskirche mit allen Ehren bestattet, aber kein Grabstein kündete von ihrer letzten Ruhestätte. Nach dem Willen der herzoglichen Familie, die ihre Ehe mit Herzog Carl Eugen als nicht standesgemäß verurteilte, sollte sie vergessen werden.

Erst 1998 wurde Franziska zu ihrem 250. Geburtstag im Exotischen Garten in Hohenheim, in ihrem einst geliebten „Dörfle", ein Denkmal gesetzt. Ein an der württembergischen Geschichte interessierter Kreis unter der Führung von Dr. Gerhard Raff aus Degerloch hatte die Initiative dazu ergriffen. Das Denkmal wurde vom Plieninger Bildhauer Markus Wolf gestaltet und von der Stuttgarter Wirtschaftsprüfungsgesellschaft Haussmann Welz Seeger und Partner aus Anlass ihres 75. Jubiläums gestiftet. Herr Ulrich Seeger ist ein Nachfahre des Oberst Christoph Dionysius von Seeger, des von den Schülern geschätzten „Intendanten" [= Leiter] der berühmten Hohen Carlsschule Herzog Carl Eugens. Der prominente Standort mitten im historischen Herzen des Exotischen Gartens an der Wegekreuzung zwischen dem Römischen Wirtshaus und dem Spielhaus sowie dem Japansee und der

6

Das Franziska-Denkmal

Staudenterrasse wurde vom Gartenbeauf-
tragten der Universität Hohenheim Prof.
Steiner aus Plieningen und dem Gartenleiter
Walter Scheffel aus Möhringen ausgesucht
und von Bürgermeister a. D. Rolf Lehmann
aus Birkach, einem der Initiatoren, als des
Franziskadenkmals für würdig befunden.

Das Denkmal gestaltete Markus Wolf im
Stil der Zeitenwende um 1800 in der Form
eines Obelisken. Seine Grundfläche beträgt
72 x 72 cm, seine Höhe 290 cm. Als Stein
wählte Wolf einen rahmweißen Jura-Travertin aus dem Altmühltal, ein witterungsbeständiges Sedimentgestein, kein wirkli-
cher Travertin. Um die strenge Form des
sich nach oben verjüngenden, flach pyrami-
dal abschließenden Obelisken aufzulockern,
steht dieser auf vier Kugeln. Diese Kugeln

sind hohl, und Stahldübel im Innern der Kugeln leiten das Gewicht des 2,4 Tonnen
schweren Obelisken auf die Basis ab. Die
Seite zur aufgehenden Sonne trägt oben ein
Medaillon Franziskas und darunter die Inschrift: „Franziska Reichsgräfin von Hohenheim - Herzogin von Württemberg 1748 -
1811". Die Seite gen Mittag zeigt ein eben-
solches Medaillon Herzog Carl Eugens und

die Inschrift: „Carl Eugen Herzog von Württemberg 1728 - 1793". Die Bronze-Medail-
lons mit einem Durchmesser von 40 cm
wurden von der Gießerei Daimler in Mettin-
gen nach zeitgenössischen Vorlagen gegos-
sen und gestiftet. Auf der Seite gen Abend
steht unter dem Monogramm Herzog Carl
Eugens der Spruch: „Der Tugend werden
mit Recht Säulen der Ehre errichtet, eine
solche, beste Freundin. errichtet Dir heute
mein Herz. Carl Eugen". Die Rückseite nach
Mitternacht trägt das Monogramm Franziskas und die Inschrift: „Durch Frömmigkeit
und Wohltätigkeit zeichnete sie sich aus. Ihr
Herz schlug warm für Gott und Menschen",

ein Spruch des Neffen Franziskas, Kammer-
herrn Karl Axel Ludwig von Böhnen. Eine
Zeile an der Basis nach Westen mit der Zei-
chenfolge „H/W/S DEDIT [= stiftete] M.W.
FECIT [= schuf]" nennt Spender und Bildhauer, und eine Zeile darunter steht das
Datum „10. JAN. 1998", Franziskas 250.
Geburtstag und zugleich der Tag der Ein-
weihung des Denkmals.

Herzog Carl Eu-
gen nannte Fran-
ziska sein „herzal-
lerliebstes Franze-
le", und beider un-
ablässiges Streben
war von Beginn an,
rechtmäßig verhei-
ratet zu sein. Dies

Das „Franziska-
Denkmal" mit blü-
hendem Judasbaum

wurde nach der Hochzeit 1785 zu guter
Letzt 1791 mit päpstlichem Segen und kai-
serlicher Zustimmung wahr. Inwieweit nun
das Reichskammergerichtsurteil zugunsten
der Landstände 1770 zur Wende im Leben
Herzog Carl Eugens beitrug, oder auch die
zunehmende Lebenserfahrung und die Ver-
schlechterung des Gesundheitszustands zur
Mäßigung des herzoglichen Lebenswandels
führten, weiß man nicht. Im Lande war man
damals davon überzeugt, dass es der wohl-
tuende Einfluss der frommen und gütigen
Franziska auf den Herzog war, der aus dem
gewaltsamen, prunksüchtigen Despoten, der
Untertanen und geltendes Recht sträflich
missachtete, einen fürsorglichen und weit-
sichtigen Regenten machte. In seinem Kan-
zelmanifest, das er 1778 zu seinem 50. Geburtstag verlesen lies, gab er selbst Zeugnis
von seinem Sinneswandel. Fortan standen
Bildung und Wohlfahrt der Landeskinder im
Mittelpunkt seiner Bemühungen.
(A. M. Steiner)

7

Das Römische Wirtshaus

Dies Gebäude gehört zu den frühen Schöpfungen Herzog Carl Eugens und Franziskas in der Hohenheimer Englischen Anlage. Schon aus dem Jahr 1777 existiert eine Schreinerrechnung für das „Römische Wirtshaus". Allerdings berichtet Franziska erst im Jahr 1781 von der Fertigstellung des Gebäudes, denn am 12. Juni schrieb sie in ihr Tagebuch: "nach mitag fierden mich der Herzog […] ins Wirtzhaus, um es follends aus machen zu lassen".

Das niedrige, unregelmäßige und schlicht weiß getünchte Gebäude lehnte sich in seiner ursprünglichen Form mit seiner Rückseite an drei hohe Bögen an "die um einer entfernten Ähnlichkeit willen die Bögen vom Goldenen Haus des Nero heißen. In der Wölbung der Bögen sieht man noch Verzierungen, die ehemals vergoldet waren. Sie reichen weit über das Gebäudchen hinauf, und aus dem letzteren kann man durch Stufen oben auf die Bögen kommen und befindet sich dann auf einem geräumigen Altan, der weit umher eine angenehme Aussicht gewährt. Das Wirtshaus selbst hat einen schönen Saal, niedliche und geringere Nebenzimmer, Küche und Wohnzimmer, kurz alles und mehr als man in diesem Raum und unter diesem Zweck suchen wollte. Gegenüber von dem Wirtshaus ist der sogenannte mittlere, oder einer der Haupteingänge zu dem Garten von der Landstraße [der heutigen Paracelsusstraße] her, was selbst noch eine kluge Wahl des Platzes ins rechte Licht rückt." – so eine Beschreibung aus dem Jahre 1796.

Tatsächlich stieg Franziska oft die Treppe vom Wirtshaus auf den Altan oberhalb der Bögen hinauf, um die herrliche Aussicht zu genießen. Und am 4. Oktober 1780, an ihrem Namenstag, schrieb sie in ihr Tagebuch: "um 9. uhr geng es in das Dörfle, alwo

Zaubernuss

Winterblüte

Ser fielle von hof wahren, auch ein ser großer Theil von der academie [der Hohen
Carlsschule] u. die Benachbahrden Pfarrers,
Es war ein gantzer Marckt um das Wirtshaus
herum". Der große freie Platz um das Wirtshaus, das mit einem Aushängeschild "Zur
Stadt Rom" versehen war, wurde tatsächlich
als der Marktplatz des gesamten "Dörfles"
angesehen und fortan für allerlei ländliche
Feste genutzt.

Noch etwas gab
der Szene "Wirtshaus
zur Stadt Rom" ihren
besonderen Reiz: Sie
war als eine typische
Herberge an einer
wichtigen italieni-
schen Straße konzi-
piert. Und in Hohen-
heim lag das "Römi-
sche Wirtshaus" ja auch unmittelbar an einer
wichtigen Landstraße, an jener von Stuttgart
nach Reutlingen, Urach und Zwiefalten, der
heutigen Paracelsusstraße. Demzufolge war
der Haupteingang des Gebäudes auch zur
Straße hin, also nach Westen ausgerichtet.
Heute hingegen ist dieser ehemalige Haupteingang vermauert und das Römische
Wirtshaus öffnet sich zum Park hin.

„Das Wirthshaus".
Colorierter Stich
nach V. Heideloff,
1795

Nach dem Tode des Herzogs und dem
von der Familie Herzog Carl Eugens er-
zwungenen Fortgang Franziskas aus Stuttgart und Hohenheim im Jahre 1793, wurde
das Dörfle nicht mehr gepflegt und vor dem
Raub von Bausteinen nicht mehr geschützt,
vieles ging verloren. So mögen die Bögen
beim Wirtshaus spätestens Anfang des 19.
Jahrhunderts verschwunden sein. Das
Wirtshaus selbst wurde jedoch weiter genutzt. Jedenfalls hat Eduard Mörike im
Frühjahr 1831 dort gewohnt, als sein Bruder
Louis die Hohenheimer Ackerbauschule be-

suchte. Hier hat Mörike an seiner Novelle "Maler Nolten" gearbeitet.

Das Römische Wirtshaus mit dem Zuckerahorn in frühherbstlicher Färbung

Die Nutzung des Römischen Wirtshauses zwischen dem Besuch Mörikes und den 30er Jahren des 20. Jahrhunderts liegt weitgehend im Dunkeln. In der Oberamtsbeschreibung von Stuttgart aus dem Jahr 1851 ist von einer Taglöhnerwohnung und einem Heumagazin die Rede, Genaueres weiß man aber nicht. Irgendwie genutzt war das Wirtshaus jedoch, denn sonst wäre es wahrscheinlich ebenso wie die meisten der anderen Bauwerke im Exotischen Garten verschwunden. Nach einer gründlichen Renovierung wurde im Jahr 1937 die "Südwestdeutsche Vogelschutzwarte" dort untergebracht. Seit 1912 war eine Station für Vogelschutz in Hohenheim, ein Anliegen des Hohenheimer Forstprofessors Reginald Schinzinger. Nun also erhielt der Vogelschutz im Römischen Wirtshaus ein attraktives, bauliches Zentrum.

Nach dem zweiten Weltkrieg wurde das Wirtshaus fremdvermietet. Kurze Zeit befand sich eine Krankengymnastik-Praxis darin, von 1956 bis 1965 wurde dort in einer Töpferei Keramik hergestellt. Im Jahre 1965 war es schließlich möglich, der nach Räumlichkeiten suchenden Hohenheimer Gartenbauschule das Römische Wirtshaus zuzuweisen. Seitdem befinden sich dort tagsüber genutzte Klassenräume der Gartenbauschule. In den Abendstunden musizieren verschiedene studentische Musikgruppen dort und bereiten sich auf Konzerte vor. Wenn an warmen Sommerabenden bei geöffneten Fenstern die Musik im weiten Rund erklingt, ist das für die Besucher des Exotischen Gartens ein besonderes Erlebnis.

In vielerlei Hinsicht bietet das Römische Wirtshaus inmitten von wertvollen und reich blühenden exotischen Schmuckgehölzen mit dem davor liegenden See und dem sich in westlicher Richtung anschließenden Rhododendron-Quartier eine der reizvollsten Szenen im Exotischen Garten der Universität Hohenheim. (U. Fellmeth)

Rhododendron-Quartier
am Römischen Wirtshaus

8

Eduard Mörike als Gast im Römischen Wirtshaus

Landauf und landab ist der schwäbische Dichter Eduard Mörike bekannt, der am 8. September 1804 in Ludwigsburg das Licht der Welt erblickte und am 4. Juni 1875 in Stuttgart die Augen schloss. Wer kennt nicht seine gefühlvolle, feinsinnige, zarte Lyrik, aber wer kennt nicht auch seine Unruhe und Unbeständigkeit, seine psychischen und physischen Probleme und die Vielzahl der Stationen seines Lebens und Wirkens. Nicht nur dass er als Vikar und Pfarrverweser an vielen Orten tätig war, nein, selbst am selben Ort tätig wechselte er bisweilen die Wohnung. So zehren denn auch, wie das Mörikejahr 2004 offenkundig machte, viele Häuser, Dörfer und Städte, in denen er weilte, von des großen Poeten Ruhm.

Ungeachtet der häufig sehr ausführlichen Aufzählungen der verschiedenen Aufenthaltsorte Mörikes ist aber kaum bekannt, dass Mörike 1831 drei Monate im Exotischen Garten - Landesarboretum der Universität Hohenheim, damals Exotische Landesbaumschule der württembergischen Krone, verbrachte. Denn nach dem Vikariat in Owen ließ sich Mörike vom Dienst beurlauben und wohnte in dieser Zeit von Mai bis Juli in dem einst von Herzog Carl Eugen 1777 erbauten „Wirtshaus zur Stadt Rom" in Hohenheim und nächtigte auch im Gartenhäuschen seines Freundes Johannes Mährlen unweit des Charlottenplatzes in Stuttgart. Mährlen war Sozialreformer und Wirtschaftswissenschaftler an der Polytechnischen Schule in Stuttgart, aus der die Technische Hochschule und heutige Universität Stuttgart hervorging. Mörike hatte Mährlen zusammen mit seinem „Urfreund" Wilhelm

Hartlaub 1818 im Evangelisch Theologi-
schen Seminar Urach kennengelernt. Beide
begleiteten den wechselvollen Lebensweg
Mörikes und gaben ihm Halt.

Ziel des Aufenthalts von Mörike in Hohenheim war die abschließende Überarbei-
tung des Romans Maler Nolten, eines umfangreichen Bildungs- und Künstlerromans,
in dem daraufhin auch Anklänge an Szenen
aus den Hohenheimer Gärten zu finden waren. Wie es zur Wahl des Aufenthaltsorts
Hohenheim kam, ist nicht bekannt. Mörike
war wohl 1826/27 sechs Monate Vikar im
nahegelegenen Möhringen gewesen. Mörike
war damals auch noch mit Luise Rau ver-
lobt, die er 1829 kennen gelernt hatte, als er
in Plattenhardt sieben Monate als Pfarrverweser tätig war; Luise war eine Tochter des
dort eben verstorbenen Pfarrers Gottlieb
Friedrich Rau. Zudem besuchte sein Bruder
Louis von 1831 - 1833 die Ackerbauschule
in Hohenheim. Für einen Zusammenhang
zwischen Mörikes Aufenthalt in Hohenheim
und diesen Gegebenheiten in unmittelbarer
Nähe gibt es jedoch keine Hinweise.

Zuckerahorn in
Herbstfärbung

Während seiner Hohenheimer Zeit machte Mörike Reisen nach Ulm und nach Oberschwaben, dazu besuchte er häufig das The-
ater, außerdem wird von regem gesellschaft-
lichem Umgang mit seinen Freunden berichtet. So traf er sich mit dem Komponisten
Louis Hetsch, der mehrere seiner Gedichte
vertonte, mit seinen beiden Lateinschul-
freunden aus Ludwigsburger Zeit, dem
Künstler und Revolutionär Rudolf Lohbauer
und dem Leben-Jesu-Forscher David Friedrich Strauß, auch mit dem weitgereisten His-
torienmaler Eberhard Wächter und dem großen Psychiater Dr. Albert Zeller, dem ersten
Leiter der Heil- und Pflegeanstalt Winnen-
thal, sowie mit dem Historiker, Schriftsteller
und nachmaligen Politiker Wilhelm Zim-

mermann. Mörike nutzte seine Hohenheimer berufliche Auszeit ganz offensichtlich nicht nur zur Fertigstellung seiner Novelle Maler Nolten, sondern auch zu einer allgemeinen Erweiterung und Vertiefung seiner Bildung.

Und Mörike beschäftigte sich bei seinem Aufenthalt im Römischen Wirtshaus offensichtlich auch mit der lokalen Geschichte. Denn später schrieb er in einem Brief an seinen Freund, den Schriftsteller und Übersetzer Hermann Kurtz: „Und mir geht es wie Andern: der Stoff, der Mann [Herzog Carl Eugen], die Zeit von Solitude, Grafeneck, Hohenheim interessiert mich beinah mehr als selbst die Kunst des Romanschreibers. ... Wissen Sie, daß ich einmal einen Frühling in den Hohenheimer Gärten im ehemals sogenannten Römischen Wirtshaus wohnte? Ich war einigemal bei Nacht einer Geistererscheinung gewärtig. Man sagt ja, dass sich Carl öfters zu Pferd dort sehen lasse." Vielleicht verkehrte Mörike damals im Gasthaus Garbe und gab seine Erlebnisse auch dort kund. Denn diese Mär, dass man Herzog Carl Eugen auf seinem Pferd bei Mondschein im Exotischen Garten begegne, ist heute noch in Plieningen und Birkach lebendig. Wäre es nicht reizvoll, vielleicht traut zu zweit, dort einmal bei Mondschein den Versuch zu wagen. Mörikes Geistererscheinung vom Herzog nachzuspüren?

Mörike verließ Hohenheim Ende Juli, um im August eine Pfarrverweserstelle in Eltingen bei Leonberg anzutreten. Dank seines unsteten Lebenswegs blieb Mörike an vielen Orten in Erinnerung. Der Aufenthalt in Hohenheim war eine kurze, für den Poeten aber offensichtlich sehr anregende Station seines Lebens. Auch hier blieb er in Erinnerung. (A. M. Steiner)

Eine Beschreibung dieses Monuments aus dem Jahre 1795 meint: "Der Gedanke ist wahrscheinlich von den colossalen Ueberresten des Tempels entlehnt, der dem donnernden Jupiter [auf dem Forum in Rom] geweiht war, und von dem sich nur eine eben so tief eingesunkene Ecke des Porticus erhalten hat."

9
Die drei Säulen des donnernden Jupiter

In der Tat gehörte auch Herzog Carl Eugen zu den Sammlern der Kupferstichwerke seines Zeitgenossen Giovanni Battista Piranesi. Jener hatte in seinen Kupferstichen stimmungsvolle, aber düster-romantische Ruinendarstellungen aus Italien kreiert, die bald in ganz Europa große Begeisterung hervorriefen. Der antikenbegeisterte Carl Eugen scheint in seinem Englischen Garten Faksimiles jener Darstellungen angestrebt zu haben. Jedenfalls ist die Ähnlichkeit des Piranesi - Stichs "Tempio di Giove Tonante in Roma" mit der ursprünglichen Gestalt der Hohenheimer "Drei Säulen" frappierend. Ebenso gewiss hat sich Carl Eugen von Piranesi etwa für die Szenen "Sibyllentempel" oder "Caestius-Pyramide" inspirieren lassen. Allerdings wurde Piranesi – und das bemerkt auch die Beschreibung aus dem Jahre 1795 ein wenig naserümpfend – "in etwas verjüngtem Maßstab" nachgebildet, die damaligen Reste des Jupitertempels auf dem Forum Romanum waren rund viermal größer, als die Hohenheimer "Drei Säulen". Ursprünglich waren die drei Säulen mit korinthischen Kapitellen ausgestattet und trugen einen Architrav mit Triglyphenfries.

„Tempio di Giove tonante in Roma". Aus der Kupferstichsammlung „Alcune Vedute di Archi Trionfale, Giovanni Battista Piranesi, 1765

„Die drei Säulen des donnernden Jupiter". Colorierter Stich nach V. Heideloff, 1795

Die erste Nachricht zu diesem Bauwerk stammt vom 17. März 1778: In der Plattenhardter Hut wurden Stubensandsteinquader gebrochen, um daraus die "Drei Säulen vom Tempel des Donnernden Jupiter" zu gestalten. Freilich zog sich der Bau hin, die Kapitelle waren 1785 noch nicht fertig. Um dies zu zeigen, aber auch um die – für die Handwerker allzu oft außerordentlich unerfreulichen – Umstände der Bauarbeiten in Hohenheim vorzustellen, sei hier eine Bittschrift des Bildhauers Hornung erwähnt. Er hatte wohl die Säulen schon fertiggestellt, diese Arbeiten waren vom Herzog jedoch noch nicht bezahlt worden. Deshalb wendet er sich am 8. April 1785 an Herzog Carl Eugen: "Durchlauchtigster Herzog, gnädigster Herzog und Herr! Ich wollte Euer Herzogl. Durchlaucht fußfälligst bitten, wegen meiner betrübten Umstände [… Er sei] ärmer als ein Bettler auf der Straß. Wenn Euer Herzogl. Durchlaucht mir das Wenige zufließen ließen, ich wollte es ansehen als ein großes Geschenk, das ich und der meinigen Blöße könnte decken, ich offeriere mich um die Kost Eurer Herzogl. Durchlaucht, die drei großen Kapitäl zu verfertigen auf dem hochgräflichen Gut im Englischen Dorf, wenn Euer Herzogl. Durchlaucht mir anjetzo dieses angedeihen lassen. Ich ersterbe in tiefster Submission alleruntertänigster Knecht Gottfried Hornung."

Mit anderen Worten: Der offenbar ziemlich in finanziellen Nöten steckende Hornung bittet um die Bezahlung seiner bisherigen Arbeiten und bietet im Falle einer Bezahlung an, die Kapitelle auch noch zu verfertigen. In der Antwort des Herzogs wird zur Geduld verwiesen und versichert, möglichst bald auf seine Bezahlung Rücksicht nehmen zu wollen. Kurz, es wurde zunächst nichts bezahlt. Dennoch: Damals war der

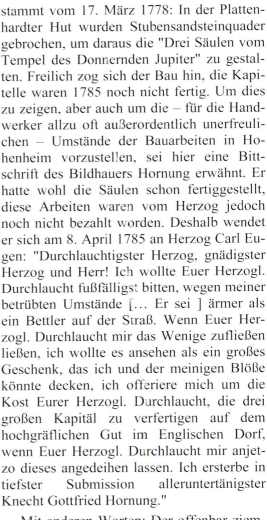

Herzog wohl ein in ähnlicher Weise bedeu-
tender Arbeitgeber für die Region, wie es
heute die Universität Hohenheim ist. Doch
ist die Zahlungsmoral der heutigen Universität ohne Frage eine wesentlich bessere. Ir-
gendwann nach 1785 sind die Kapitelle und
die Gebälkteile der „Drei Säulen" aber doch
noch fertig gestellt worden, denn in der bildlichen Darstellung von Viktor Heideloff aus
dem Jahre 1795 sind die "Drei Säulen des
Donnernden Jupiter" vollständig ausgeführt.

Heute sind die „Drei Säulen" bis auf eine
umgestürzt, und die Gebälkteile liegen malerisch verstreut im Garten. Wann die Nach-
bildung der antiken Ruine zur heute sichtba-
ren Ruine zerfiel, kann nicht genau gesagt
werden. Wenn aber Ludwig Uhland sich im
Sommer 1814 von den Hohenheimer "Drei
Säulen" zu seiner Ballade "Des Sängers
Fluch" hat anregen lassen, dann waren sie
damals bis auf die eine schon umgestürzt.
Merkwürdig ist nur, warum die Plieninger
und Birkacher Bürger, die sonst ohne weitere Bedenken den Englischen Garten Hohenheims um billiges Baumaterial plünderten,
diese Steine bis heute unberührt ließen.

Die Trümmer der
„Drei Säulen des
Tempels des
donnernden
Jupiter"

Vielleicht wollte man doch an einen Tempel die Hand nicht legen.

Heute gehören die "Drei Säulen" zu den wenigen verbliebenen Überresten von der ehemals umfangreichen Ansammlung von Monumenten und Gebäuden im Englischen Garten Herzog Carl Eugens von Württemberg und Franziskas von Hohenheim. Die romantische Szene zieht bis heute viele Besucher des Exotischen Gartens an, und vor allem für Kinder ist das Klettern über die großen Steine seit eh und je eine Herausforderung und helle Freude. (U. Fellmeth)

Japansee mit Blick zum „Spielhaus", nördlich des „Römischen Wirtshauses" im Vorfrühling

Bittere Hickory-Nuss, südlich der „Drei Säulen", Herbstfärbung

Dr. Uhland

10

Ludwig Uhland und die „Drei Säulen des Donnernden Jupiter"

Wohl jeder Besucher der Hohenheimer Gärten kennt die Trümmer der drei Säulen vom Tempel des Donnernden Jupiter im Landesarboretum - Exotischer Garten beim Römischen Wirtshaus. Eine Zeichnung des Malers Viktor v. Heideloff von 1795 zeigt die Säulen mit einem steinernen Gebälk. Doch schon 1814 war alles eingestürzt, und nur noch der Schaft einer Säule blieb so stehen, wie dieser auch heute noch steht. Wir wissen das, weil am 10. Juni 1814 Ludwig Uhland den Garten besuchte und ihm angesichts dieser einsamen Säule inmitten der Gesteinstrümmer die Idee für seine Ballade „Des Sängers Fluch" kam. Ein Schild an der Säule weist darauf hin. Wie viele Besucher kennen aber noch Ludwig Uhland, nach dem gleich Goethe und Schiller in jeder größeren Stadt eine Straße benannt ist, nach dem Schulen benannt sind, der im 19. Jahrhundert zusammen mit Heinrich Heine der in Deutschland meistgelesene Dichter war? Fragt man bei Gartenführungen die Besucher, so wissen die über 70-Jährigen Bescheid und beginnen sofort zu rezitieren: „Es stand in alten Zeiten ...". Manche der 60-Jährigen kennen Uhland und seine Ballade noch. Unter 50 wird es schon kritisch, und nur wenige der Jüngeren hörten von Uhland und der Ballade (Ballade = handlungsreiches, tragisch endendes Gedicht).

Werfen wir einen Blick auf Ludwig Uhland, der klein, von unscheinbarem Äußeren sowie schweigsam war, und doch zu den herausragenden Persönlichkeiten seiner Zeit zählte. Er wurde 1787 in Tübingen geboren, studierte dort Theologie und Jura und schloss mit dem juristischen Staatsexamen und einer Promotion 1810 ab. Nach einem Forschungsaufenthalt in Paris arbeitete er ab 1812 als Sekretär ohne Gehalt im Justizministerium. Er wurde dort aber nicht verbeamtet, da er den Eid auf König Friedrich ablehnte, weil dieser den alten Landtag 1805 widerrechtlich aufgelöst hatte. Ab 1814 war er deshalb als Rechtsanwalt in Stuttgart tätig. Jetzt griff Uhland aktiv in den württembergischen Verfassungsstreit ein und wurde im neu gegründeten Landtag 1819 - 1826 Tübinger Abgeordneter. Seine 1829 angetretene Professur für deutsche Sprache und Literatur an der Universität Tübingen gab er 1833 auf, um bis 1839, nun von den Stuttgartern gewählt, erneut in den Landtag einzuziehen; Trennung von Amt und Mandat, anders als heute! Nachdem sich Uhland politisch zurückgezogen hatte, wurde er

1848/9 nochmals politisch aktiv, diesmal für Tübingen-Rottenburg als Abgeordneter des ersten gesamtdeutschen Parlaments, der Nationalversammlung in der Frankfurter Paulskirche. Dort hielt er seine berühmte Rede gegen das Erbkaisertum. Denn Uhland war von Grund auf Demokrat, lehnte Adelsprivilegien ab, setzte sich für die Pressefreiheit und eine freie Kirche ein und wandte sich gegen die Todesstrafe. So setzte er sich beispielsweise 1849 auch für die von der Erschießung bedrohten badischen Revolutionäre ein. Die Auszeichnung mit dem preußischen Orden Pour-le-mérite sowie dem bayrischen Maximiliansorden lehnte er 1853 mit dem Hinweis auf die Opfer staatlicher Repression ab. Und neben all dem schuf Uhland sein großes dichterisches und literaturwissenschaftliches Werk und pflegte einen großen Freundeskreis deutscher Dichter der Romantik. Seit 1850 führte Uhland das Leben eines Privatgelehrten in Tübingen, wo er 1862 im Alter von 75 Jahren verstarb.

Trümmer der Drei
Säulen vom Tempel
des Donnernden
Jupiter,
im Hintergrund das
Römische Wirtshaus

Wenn überhaupt, so kennen wir heute Uhland vornehmlich noch von seinen Liedern wie „Droben stehet die Kapelle", „Ich hatt' einen Kameraden", „Es zogen drei Burschen wohl über den Rhein". Diese und zahlreiche andere, von berühmten Komponisten vertonten Lieder und Gedichte gehörten früher zum allgemeinen Bildungsgut. „Schäfers Sonntagslied": „Das ist der Tag des Herrn" war das Glanzstück jedes Chores. Uhlands berühmt-berüchtigte Ballade „Schwäbische Kunde": „Als Kaiser Rotbart lobesam, zum Heil'gen Land gezogen kam, ...", wurde in den Schulen auswendig gelernt. Und nicht zuletzt war es die Ballade „Des Sängers Fluch", die Uhlands Namen weithin bekannt machte. Die Beschreibung des stolzen, grausamen Königs in seinem von Gärten umgebenen Schloss, der Bericht vom ergreifenden Verlauf des Gesangsvortrags des greisen Sängers und seines jungen Begleiters vor der Hofgesellschaft und die Schilderung der dramatischen Wende mit der Ermordung des Jünglings fesseln auch heute noch jeden Leser. Und wahrlich, die Verwünschung des Sängergreises, dass der Name des Königs dem Vergessen anheimfallen solle, ist wohl der schlimmste denkbare Fluch. Es ist die *damnatio memoriae* der antiken Welt, die völlige Auslöschung des Andenkens an eine Person in der Nachwelt durch die Tilgung des Namens aus Schriftstücken, die Vernichtung von Bildern, die Entfernung von Inschriften auf Denkmälern, hier die Zerstörung des weit über die Lande glänzenden Schlosses. Ein Glück, dass der einen hohen Säule und den Hohenheimer Gärten, die Uhland zu dieser Ballade anregten, ein solches Schicksal erspart blieb. Möge die Säule dazu ermuntern, einen schönen Spaziergang durch die Hohenheimer Gärten zu machen, und sich eines stillen Abends mit Uhland und seiner Ballade zu beschäftigen. Denn das lohnt sich auch heute noch.

(A. M. Steiner)

Des Sängers Fluch.

Es stand in alten Zeiten ein Schloß so hoch und hehr,
Weit glänzt' es über die Lande bis an das blaue Meer,
Und rings von duft'gen Gärten ein blütenreicher Kranz,
Drin sprangen frische Brunnen in Regenbogenglanz.

...

Der Alte hat's gerufen, der Himmel hat's gehört,
Die Mauern liegen nieder, die Hallen sind zerstört;
Noch eine hohe Säule zeugt von verschwundner Pracht;
Auch diese, schon geborsten, kann stürzen über Nacht.

Und rings statt duft'ger Gärten ein ödes Heideland,
Kein Baum verstreuet Schatten, kein Quell durchdringt den Sand;
Des Königs Namen meldet kein Lied, kein Heldenbuch;
Versunken und vergessen! das ist des Sängers Fluch.

Die erste und die beiden letzten Strophen der berühmten Ballade

Allenthalben sagt man, dass das Spielhaus, das Römische Wirtshaus und die Trümmer der Drei Säulen des donnernden Jupiter die einzigen Bauwerke seien, die im Exotischen Garten noch aus herzoglicher Zeit stammen würden.

Der mit Eiben bewach-
sene Schäferberg
von Norden, dem
Römischen Wirtshaus
her gesehen, hinter
dem Querweg

Dem ist aber nicht ganz so. Denn von einer Szenerie Herzog Carl Eugens ist wohl der Gebäudeteil nicht mehr erhalten, aber sehr wohl eine Geländeformation, die unmittelbar dazu gehörte. Es handelt sich um das „Schäferhaus von außen mit Holzbeugen belegt“, das längst abgegangen ist, und den „Schäferberg“, der unmittelbar dazugehörte, und den es noch gibt. Er liegt als unzugänglich dicht bewachsener Hügel südlich des Querwegs von der großen Blutbuche mit der Rundbank zum Ausgang am Langen See genau südlich der dort auf halbem Wege befindlichen Sitzbank. Rechts und links neben der Sitzbank und seitlich davon stehen drei mächtige Rotbuchen von 1820 und hinter der Sitzbank am Fuß des Schäferbergs eine schlanke Holländische Linde von 1800. Auf dem Schäferberg stehen in der Mitte eine mächtige Sommerlinde von 1800 und je zwei jüngere Bergahorn- und Spitzahornbäume unbekannten Alters. Südlich des Schäferbergs in kurzem Abstand stehen zwei Roteichen von 1820 und zwei Hickorynussarten von 1839. Östlich, über dem Weg, stehen eine weitere Rotbuche von 1820, eine Platane von 1800 und, noch aus herzoglicher Zeit, eine Rotbuche von 1780. So stehen auf und um den Schäferberg vergleichsweise alte Bäume aus den Anfängen der Exotischen Landesbaumschule. Vielleicht waren diese frühen Pflanzungen der Grund dafür, dass der Schäferberg, heute noch etwa 2 Meter hoch und unregelmäßig geformt etwa 15 x 12 Meter lang und breit, nicht eingeebnet wurde.

Dudelsackpfeifer, Konsolstein aus dem Chor der Martinskirche in Plieningen, 1493

Zum Bau des Schäferhauses mit dem Schäferberg schreibt Elisabeth Nau 1978 in ihrem Buch 'Hohenheim, Schloss und Gärten': „Am 9. Mai 1777 wird für ... das Schäferhaus ... der Akkord für sämtliche Schreiner- und Glaserarbeiten getroffen. ... Die Arbeit muss in vier Wochen fertiggestellt sein, andernfalls ein willkürlicher Lohnabzug erfolgt." Die Szene beschreibt sie folgendermaßen: „Das „Schäferhaus" ist ... aus drei kleinen Häuschen unregelmäßig zusammengebaut, aus rohen Balken gezimmert, mit gespaltenem Holz verkleidet und mit Stroh gedeckt. Das Innere gibt dem Schäfer nur geringen Raum, weil der größte Teil wieder als Gartensaal eingerichtet ist. Nicht weit davon, auf einem kleinen Hügel, ist für den Schäfer eine Bank mit bretternem Dach angebracht, wo er auch bei Regen sitzen und ungestört seine Sackpfeife blasen kann." [Anmerkung: „ ... Dudelsack spielen kann."]

Herzog Carl Eugen baute das Schäferhaus mit Schäferberg als eine der ersten Szenen seiner Englischen Anlage, in der er eine ländliche Kolonie in einer römischen Stadt darstellen wollte. Ganz ohne Zweifel ist der Hirte, insbesondere der Schäfer seit Alters die Symbolfigur für Natur, Landleben, Freiheit und Frieden. Arkadien, die zum Ort des Goldenen Zeitalters verklärte, griechische Hirtenlandschaft des klassischen Altertums, war das Vorbild für diese Phantasiewelt. Schon in der römischen Antike und der Renaissance, besonders aber dann im Barock wurden Schäferszenen ein favorisiertes Motiv für idyllisches, glückseliges Leben auf dem Lande im Gegensatz zur gekünstelten, überladenen Förmlichkeit am Hof. Und natürlich kam auch der Schäferin eine bedeutende Rolle zu; es grüßt das Schäferstündchen, doch klassisch mit herbem Abschied. Vor allem im 18. Jahrhundert entwickelte sich eine reiche Schäferdichtung und - malerei, Schäferspiele und -musik, Schäferszenen in Porzellan und eben in Gärten. Das Schäferleben wurde idealisiert. Harmonisch verklärt war bei der Schäferei alles gut und schön: Es herrschte ständiger Sonnenschein, nimmermehr Regen, gleichwohl immerwährendes Grün und dazu Vogelgesang. Bukolische Szenen, d. h. Hirtenszenen, wurden meist mit klassischen Tempeln und Ruinen, schattenspendenden Bäumen, Quellen und hainartigen, blumenreichen Wiesen in lieblicher oder erhabener Landschaft dargestellt. Doch im Grunde war dies alles nichts anderes als eine Flucht aus der Realität in den wirtschaftlich und politisch sehr unruhigen Zeiten. Wie insgesamt die Englische Anlage Herzog Carl Eugens ein phantastisches Gebilde war, eine Traumwelt am Ende des Absolutismus. Herzog Carl Eugen war sich dessen zuletzt sehr wohl bewusst. Denn auf seinen Reisen nach Paris hatte er wiederholt bestürzende Ereignisse der Französischen Revolution miterlebt.

Auf dem Plan der Englischen Anlage von 1795 ist

Ausschnitt aus: Der Gartenplan der „Englischen Anlage in Hohenheim". Colorierter Stich nach V. Heideloff, 1795

das dreigliedrige Schäferhaus eingezeichnet. Es lehnte sich im Westen an den Schäferberg an, der dort noch heute seine steilste Flanke hat. Leider haben wir kein Bild vom Schäferhaus. Hölzern und strohgedeckt wird es wahrscheinlich nach Herzog Carl Eugens Tod, als die Gärten nicht mehr gepflegt wurden, rasch verfallen sein. So bleibt es nun uns und unserer Phantasie überlassen, wohl auch in politisch unruhigen Zeiten, sich beim Schäferberg das Bild der verloren gegangenen, idyllischen Szene wieder auszumalen.   (A. M. Steiner)

Der mit Eiben bewachsene Schäferberg von Süden, von der Mittags-Stele her gesehen

Die Rückseite der Mittags-Stele von Norden her gesehen

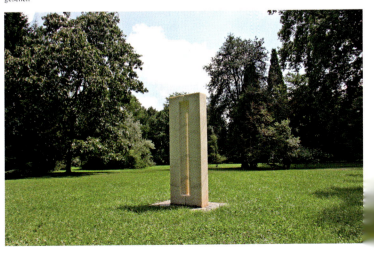

Im Exotischen Garten wurde im Mai 2004 auf der großen, unteren Wiese festlich eine Skulptur enthüllt, die Mittags-Stele der Bildhauerin Renate Hoffleit. Die vielseitige Künstlerin, 1950 in Stuttgart geboren, hatte die Skulptur Hohenheim zunächst als Leihgabe überlassen. Inzwischen ging sie in den Besitz des Landes über und bleibt Hohenheim erhalten.

Die Mittags-Stele leuchtet freistehend unübersehbar hell nach allen Seiten, denn sie ist aus edlem, portugiesischem Estremoz-Marmor. Der Name stammt von der Region Estremoz, wo er abgebaut wird, nahe der ehemaligen Königsstadt Evora. Dieser Marmor bildete sich in der erdgeschichtlichen Zeit des Karbons und ist mehr als 500 Millionen Jahre alt. Marmor entsteht bei großem Druck und Hitze mit Wasser metamorph, d. h. durch Umwandlung, aus Kalkstein und enthält überwiegend Calcit-Kristalle. Der Estremoz-Marmor zeichnet sich dadurch aus, dass er in einem weißlichen bis beigen bis leicht rosafarbenen Grundton rötliche und gelbliche Schattierungen aufweist und dazu von rötlichen und bräunlichen Äderungen und Bänderungen aus Eisenoxid durchzogen ist. Diese Farbnuancen und Zeichnungen schenken dem Stein lichten Glanz, eine feine Struktur und weiche Wärme.

Das Anliegen der Künstlerin bei der Gestaltung der Mittags-Stele war, den kristallinen Marmor durch das Sonnenlicht zum Leuchten zu bringen und den Stein durch gezielte Formgebung zugleich lebendig in den Tages- und Jahresgang der Sonne einzubeziehen. Damit geht sie in der Geschichte weit zurück und knüpft an die jungsteinzeitliche Megalithkultur von vor mehr als 6000 Jahren an, als die ersten Künstler Steinskulpturen schufen und nach dem Gang der Gestirne ausrichteten. Hierfür halbierte sie einen rechteckigen Marmorblock längs, so dass zwei Hälften von etwa 180 cm Höhe, 30 cm Breite und 20 cm Tiefe entstanden. Diese Hälften stellte sie aufgeklappt mit einem Abstand von 5 mm so auf, dass der Spalt zwischen den Blöcken Nord-Süd- und deren Breite Ost-West-ausgerichtet sind. Auf der nun gut 60 cm breiten Sonnenseite der Marmorblöcke setzen sich die auf der linken Hälfte von außen her leicht nach unten verlaufenden, welligen Bänderungen ab der Mitte, dem Spalt, auf der rechten Hälfte elegant nach oben schwingend fort und verleihen dem mächtigen Stein eine reizvolle Struktur, so dass die beiden Hälften gar an ein Flügelpaar erinnern.

Die Basis mit Lichtstrahl auf der Schattenseite

Der elegante, fast schwerelose Eindruck der Mittags-Stele wird dadurch verstärkt, dass sich auf der sonnigen Südseite die Oberflächen von einem schmalen Rand umsäumt von beiden Seiten her trichterförmig nach innen zum Spalt hin neigen. Weil zugleich die beschatteten Nordseiten am Spalt rechteckig eingekerbt und zusätzlich ebenfalls trichterförmig vertieft sind, sind die Ränder des Spalts dünn ausgeschliffen und leuchten wie die Kanten der Blöcke im hellen Sonnenlicht durchscheinend goldschimmernd auf. Der Name Marmor leitet sich vom griechischen Wort „mármakos" ab mit der Bedeutung schimmernder Stein bis glänzender Fels, der Wortstamm „mármar" bedeutet flimmern, glitzern, funkeln, strahlen. Diese natürliche Eigenschaft des Marmors hat die Künstlerin durch die Formgebung im Zusammenspiel mit der Sonne zugleich gesteigert und veredelt.

Die Vorderseite der Mittags-Stele von Süden her gesehen

Der an den lichten Rändern vorbei durch den schmalen Spalt auf die Schattenseite fallende Sonnenstrahl bildet sich dort auf dem Boden des Einschliffs gleißend ab, wird am Rand gebrochen und läuft über den Sockel ins Gras. Dieser Lichtstrahl beschreibt vergleichbar dem Schattenzeiger einer Sonnenuhr den Tagesgang der Sonne. Da der Öffnungswinkel des Trichters den Strahlengang der Sonne begrenzt, fällt allerdings nur über die Mittagszeit Licht durch den Spalt. Hier ist nun interessant zu beobachten, dass die Zeitspanne des Lichtdurchtritts durch den Spalt um die Zeit der Sommersonnenwende bei einer Tageslänge von mehr als 16 Stunden nur etwa 3,5 Stunden beträgt, um die

Wintersonnenwende herum bei einer Tageslänge von nur etwa 8 Stunden aber etwa 6,5
Stunden. Zur Frühjahrs- und Herbsttagundnachtgleiche sind es runde 5,5 Stunden. Dies
scheinbar verwunderliche Verhalten kommt
dadurch zustande, dass auf der geographi-
schen Breite von Stuttgart die Sonne am
Mittag um die Zeit der Sommersonnwende
etwa 65 Grad hoch über dem Horizont steht,
zur Zeit der Wintersonnenwende aber nur 18
Grad. So geht die Sonne um die Sommersonnenwende gegen 4:20 Uhr nahezu im
Nord-Osten hinter der Mittags-Stele auf (auf
dem Horizontkreis bei etwa 55 Grad) und
nach ihrem Tageslauf gegen 20:30 Uhr nahezu im Nord-Westen hinter der Mittags-
Stele unter (bei etwa 305 Grad). Um die Zeit
der Wintersonnenwende dagegen geht die
Sonne gegen 8:15 Uhr praktisch im Süd-
Osten auf (bei etwa 130 Grad) und gegen
16:30 Uhr im Süd-Westen (bei etwa 230
Grad) unter. Infolgedessen bewegt sich die
Sonne im Sommer in hohem Bogen über
den Öffnungswinkel hinweg, und im Winter
flach vor dem Öffnungswinkel her. Dies
führt zu diesem scheinbar paradoxen Verhältnis, dass bei größerer Tageslänge die
Zeit des Lichtdurchtritts durch den Spalt
kürzer ist, und bei kürzerer Tageslänge länger. Besonders reizvoll ist es, dass sich auf
der Sonnenseite als Folge des von oben be-
schattenden Randes der Marmorhälften oben
an der trichterförmigen Einbuchtung ein
gleichschenkliges Schattendreieck mit der
Spitze nach unten ausbildet. Um die Zeit der
Sommersonnenwende, wenn die Sonne am
höchsten steht, hat dieses Schattendreieck
um die Mittagszeit eine Höhe von nahezu 19
cm, und um die Zeit der Wintersonnenwende, dem Tiefstand der Sonne, eine Höhe von
nur 2,5 cm, zur Zeit der Frühjahrs- und
Herbsttagundnachtgleiche sind es etwa 7,5

cm. Die Höhe des Schattendreiecks ist somit ein Maß für den Jahresgang der Sonne, d. h. die Jahreszeit. Aber auch im Tagesverlauf ändert sich die Höhe des Schattendreiecks. Infolge der oben beschriebenen, im Jahresgang unterschiedlichen Sonnenhöhe über dem Horizont in Verbindung mit dem Sonnengang im Tagesverlauf ist die Höhe des Schattendreiecks im Sommer um den Mittag niedriger als vormittags und nachmittags, im Winter höher. Und noch dazu, weil der Spalt zwischen den beiden Marmorhälften oben am Rand einen schmalen Lichtstrahl hindurchlässt, zeigt sich an den Schenkeln des Schattendreiecks eine kleine Lichtkerbe. Diese wandert im Tagesgang gegenläufig zur Sonne zum Mittag hin länger werdend herunter, fällt am Mittag beim Sonnenhöchststand direkt durch den Spalt, und wandert danach kleiner werdend wieder hinauf und bildet so ebenfalls eine Art Sonnenuhr. Übrigens, für genaue Beobachter zur Erinnerung: Die geographische Länge Stuttgarts von 9,2 Grad bewirkt einen Zeitunterschied

Das Schattendreieck mit der Lichtkerbe links auf der Sonnenseite

zwischen der Mitteleuropäischen Zeit (MEZ) und der mittleren Ortszeit (MOZ) von 23 Minuten, d. h. der Sonnenhöchststand ist um 12:23 Uhr und zur Sommerzeit (MESZ) um eine Stunde nach hinten verschoben um 13:23 Uhr. Genau zu diesen Zeitpunkten jeweils fällt der Sonnenstrahl senkrecht durch den Spalt, d. h. er bildet sich auf dem rückseitigen Marmorsockel nicht ab.

Und schlussendlich, die ganze Mittags-Stele kann mit ihrem Schattenwurf als Schattenstab, als Gnomon einer Sonnenuhr angesehen werden. Zur Mittagszeit wirft die Mittags-Stele um die Zeit der Sommersonnenwende einen Schatten von weniger als 1 Meter Länge, zur Zeit der Wintersonnenwende aber einen nahezu 6 Meter langen Schatten. Zur Zeit der Tagundnachtgleiche im Frühjahr und Herbst beträgt die Schattenlänge etwa 2 Meter. Zusätzlich zur Tageszeit, angezeigt durch die Lage des wandernden Lichtstrahls, zeigen so dessen Längenänderungen im Jahresverlauf die Höhe des Sonnenstands und damit die Jahreszeit an. Übrigens, die Werte der verschiedenen Beobachtungen zur Frühjahrs- und Herbsttagundnachtgleiche liegen nicht linear zwischen den Werten zur Sommer- und Wintersonnenwende. Dies rührt daher, dass die Erde die Sonne auf einer elliptischen Bahn nicht gleichförmig umkreist.

Die Mittags-Stele stellt keinesfalls ein astronomisches Präzisionsinstrument dar, sie ist ein Kunstwerk. Deshalb wurde auch auf eine genauere Darstellung des Verlaufs des jährlichen Sonnengangs verzichtet. Aber es sollten grundlegende Beobachtungen und Zusammenhänge beschrieben werden, weil deren Kenntnis heutzutage nicht mehr weit verbreitet ist. Und es ist das Anliegen der Künstlerin, mit ihrem Kunstwerk Mittags-Stele dem Betrachter nicht nur die Interaktion Licht und Stein anschaulich zu machen, sondern auch die Interaktion Formgebung und Sonnengang zu vermitteln: Materie und Licht, Gestalt und Lichtrichtungswechsel.

Die Mittags-Stele steht unübersehbar hell leuchtend mitten auf der Wiese zwischen Färbereiche und Zwergfichte, Schwarzkiefer und Urweltmammutbaum, Trojapferdtanne und Scheinbuche. Manche Besucher gehen einfach vorbei, manche verweilen und machen bisweilen einen ratlosen Eindruck, manche gehen um sie herum und beschäftigen sich sichtlich mit den Phänomenen von Licht und Schatten, nur wenige vertiefen sich in ihre Geheimnisse und kommen immer wieder. Freunden Sie sich mit der Mittags-Stele an, und beobachten Sie das wundersame Zusammenspiel von Marmor und Licht und die vielseitigen Wechselwirkungen zwischen Gestalt und Sonnengang über die Jahreszeiten hinweg. Machen Sie sich mit der Mittags-Stele vertraut. Streichen Sie durchaus auch einmal mit der Handfläche über ihren unendlich weichen, im Sommer kühlenden, im Winter eher als warm empfundenen Marmor. Sehen Sie die Mittags-Stele im Verlaufe Ihrer Beschäftigung mit ihr zunächst schlicht als künstlerische Skulptur, ergründen Sie sie dann als Sonnenstandsanzeiger, und zuletzt betrachten Sie die Mittags-Stelle als das, was sie eigentlich ist: Ein in das wundervolle Grün einer herrlichen Gartenlandschaft eingebettetes, faszinierendes Kunstwerk. Die Mittags-Stele bereichert die Hohenheimer Gärten, sie zieht den staunenden Betrachter mit jedem neuen Besuch mehr in ihren Bann. (A. M. Steiner)

Die Mittags-Stele auf der Mittagswiese mit den Platanen

13

Der Gedenkstein

Geht man im Landesarboretum vom oberen Teil, dem Exotischen Garten, in den unteren Teil, den Landschaftsgarten, steht links am Weg die Tafel 6, Botanisches System, des Historischen Rundwegs. Genau gegenüber, etwa drei Meter vom Weg entfernt, liegt eine unscheinbare, graue Steinplatte im Rasen, bisweilen vom Gras fast überwachsen. Diese Steinplatte erinnert an ein Ereignis, das wie kein anderes in den letzten Jahrzehnten in Deutschland eine stürmische Debatte über Kunst und Politik auslöste. Es geht um die Kunstinstallation DER BEVÖLKERUNG im Reichstagsgebäude in Berlin von Hans Haacke.

Der Weg vom Exotischen Garten in den Landschaftsgarten, vorne rechts liegt der Gedenkstein

Hans Haacke, der weltbekannte, 1936 in Köln geborene Künstler, wirkte von 1967 - 2002 als Kunstprofessor in New York. Er ist ein kreativer, kritischer, streitbarer, oftmals gar bissiger Provokateur, dessen Installationen immer ein konkretes politisches, soziales oder gesellschaftliches Problem aufgreifen und zugleich angreifen. Dadurch fordert er den Betrachter unmittelbar zur gedanklichen Auseinandersetzung und Stellungnahme heraus. Denn ohne Rücksicht legt der Grenzgänger Haacke mit seiner Kunst große Heucheleien der Gegenwart in der institutionellen und finanziellen Verflechtung von Geld, Kunstbetrieb, wirtschaftlichem Einfluss und politischer Macht bloß. Wiederholt luden ihn Museen, die ihn eingeladen hatten auszustellen, wieder aus, wenn sie seine eingesandten Werke sahen. Was hat dies aber nun mit der Steinplatte im Exotischen Garten zu tun?

Im Mai 1998 wurde Haacke vom Deutschen Bundestag gebeten, den nördlichen Lichthof des Reichstagsgebäudes künstlerisch zu gestalten. Im November stimmte der Kunstbeirat des Bundestags mit großer Mehrheit dem von Haacke vorgelegten Projekt DER BEVÖLKERUNG zu. Im Januar 2000 kam das Projekt auf Empfehlung des Ältestenrats nochmals auf die Tagesordnung des Kunstbeirats, der seine Zustimmung erneut mit großer Mehrheit bekräftigte. Daraufhin kündigten der Medienpolitische Sprecher und der Parlamentarische Geschäftsführer der CDU/CSU-Fraktion den heftigen Widerstand ihrer Fraktion gegen das Projekt an. Deshalb beriet im Februar erneut der Ältestenrat und empfahl eine Parlamentsdebatte. So wurde im März ein fraktionsübergreifender Gruppenantrag zur Ablehnung des Projekts eingereicht, und es kam im Mai schließlich zur Bundestagsdebatte und Abstimmung. Das Projekt wurde mit 260 Ja-Stimmen, bei 258 Nein-Stimmen und 31 Enthaltungen knapp befürwortet.

Warum spaltete nun die Installation DER BEVÖLKERUNG die Meinung der Abgeordneten? Die Installation besteht aus einem 21 x 7 Meter großen, flachen Trog aus Holz.

Haacke-Kunstwerk im nördlichen Lichthof des Reichstagsgebäudes zu Berlin

In dessen Mitte strahlen mit weißen Leuchtbuchstaben von allen Stockwerken des Reichstagsgebäudes her einsehbar groß die Worte DER BEVÖLKERUNG nach oben. Diese Worte stehen in direkter Beziehung zu der 1916 am Westportal des Reichstagsgebäudes angebrachten Inschrift DEM DEUTSCHEN VOLKE; Haacke wählte sogar die gleiche Schriftart. Mit dem erhabenen Ausdruck „Volk" gegenüber der nüchternen Bezeichnung „Bevölkerung" erzeugt Haacke angesichts der großen Zahl ausländischer Mitbürger, insbesondere ausländischer Kinder ein Spannungsverhältnis zwischen den beiden Inschriften, das zum Nachdenken und zur Diskussion über das Selbstverständnis des Parlaments und der Bürger anregt. Dazu sah Haacke vor, dass dieser Trog von den Abgeordneten mit Erde aus ihren Wahlkreisen gefüllt wurde. Das Zusammentragen der Erde durch die Abgeordneten weist auf die Verantwortung jedes Menschen für seine Umwelt hin und erinnert an seine Endlichkeit, und das Durchmischen der Erde mahnt die Gleichheit der Menschen ungeachtet ihrer Herkunft, Religion und ihres Standes an. Zugleich erinnert das aus der Erde sprießende, frei wuchernde Grün an das nicht Vorhersehbare und lehrt, die Grenzen des technisch und politisch Machbaren zu beachten.

Und hier kommt nun die Steinplatte im Exotischen Garten ins Spiel. Denn genau an der Stelle, wo sie liegt, hat der Umweltforscher und damalige Stuttgarter Bundestagsabgeordnete Dr. Ernst Ulrich von Weizsäcker am 4. September 2000 zum Spaten gegriffen und die Erde seines Wahlkreises für Berlin geholt. Er hatte sich für Erde aus den Hohenheimer Gärten entschieden, weil das Institut für Bodenkunde und Standortslehre der Universität Hohenheim in diesem Jahr sein 125-Jahr-Jubiläum feierte, weil hier ein Bezug zur Geschichte des Landes bestand, und nicht zuletzt weil die Erde der Fildern ökologisch wertvoll und fruchtbar ist. Auch liegt die Entnahmestelle am Verbindungsweg zwischen dem alten Exotischen Garten und dem jungen Landschaftsgarten symbolhaft für Rückschau und Zukunft.

„Was", fragte Weizsäcker scherzhaft während des Befüllens des mitgebrachten Sacks, „wächst wohl einmal aus dieser Erde?" Wahrscheinlich wird sich beim Aufgang der in ihr ruhenden Samen in Berlin zunächst der konkurrenzstarke Wegerich durchgesetzt haben. In Hohenheim setzt sich wieder der Rasen durch und beginnt die Steinplatte zuzudecken, denn eine repräsentative Gedenkplatte wurde bisher nicht gestiftet. So wächst buchstäblich Gras über diese Geschichte und die Erinnerung daran wird verloren gehen, leider. (A. M. Steiner)

Die unbelaubte, gefurchte Stammbasis

Der Urweltmammutbaum oder Chinesisch Rotholz. Er wurde 1948 in Hohenheim aus den ersten Samen, die in die westliche Welt kamen, gezogen und 1953 ausgepflanzt. Dieses „lebende Fossil" stammt aus dem Pliozän, einem Erdzeitalter vor etwa 5 – 2 Mio. Jahren

14
Dietrich von Plieningen

„Dietrich von Plieningen, Humanist, 1453-1520" steht auf den Straßenschildern des Dietrich-von-Plieningen-Wegs. Dieser führt in Plieningen vom östlichen Ende der Maurenstraße unterhalb des Bogerts malerisch an der Körsch entlang über eine Holzbrücke beim neuen Landschaftsgarten steil den Berg hinauf zum Aussichtshügel mit dem Monopteros und endet an der Abzweigung zum Exotischen Garten, von wo aus die Emil-Wolff-Straße weiter nach Hohenheim führt. So verbindet er Plieningen direkt mit den Hohenheimer Gärten. Heute fragen viele: Wer war denn dieser Dietrich von Plieningen? Zu seinen Lebzeiten hingegen war er in den gebildeten Kreisen ganz Deutschlands bekannt. Betrachten wir also kurz seinen Lebensweg und sein Lebenswerk.

Dietrich von Plieningen wurde am 24. April 1453 geboren. Der Geburtsort ist nicht bekannt, seine Vorfahren hatten ihren Stammsitz Plieningen längst verlassen. Die Jugend verbrachte er wahrscheinlich in Aislingen nahe Dillingen an der Donau, denn sein Vater, Dietrich von Plieningen der Ältere, stand dort als Vogt in den Diensten des Grafen von Werdenberg. Dietrichs Mutter, Margarethe von Venningen, stammte aus einem bekannten Adelsgeschlecht des Kraichgaus. Sie verstarb 1466, und Vater Dietrich ehelichte Agnes von Nippenburg aus einer vermögenden württembergischen Familie. So war Dietrich d. Ä. durch Heirat und Verdienst begütert und konnte 1480 die Burg Schaubeck und das halbe Dorf Kleinbottwar als Familiensitz kaufen; er verstarb 1485.

Wappen der Herren von Plieningen, Rappen auf goldenem Grund

1471 schickte Dietrich d. Ä. seine drei Söhne Dietrich, Johannes und Eberhard zum Studium an die Universität Freiburg. Von Freiburg wechselten Dietrich und Johannes an die berühmten Universitäten Pavia 1473 und Ferrara 1476, wo sie die damals modernste und beste Ausbildung erhielten. Zwischen 1478/79 erwarben beide den Doktor der Rechtswissenschaften. Dietrich kehrte 1479 nach Augsburg zurück, und Anna von Memmersweiler aus Oberschwaben wird als seine Ehefrau genannt; die Ehe blieb kinderlos. In Augsburg gehörte er dem Gefolge des Bischofs Johann von Werdenberg, des Sohns des Dienstherrn seines Vaters und eines Freundes Kaiser Friedrichs

Dietrich von Plienigen. Eine reiche Haartracht zeichnete edle Ritter aus.

III., an. Nachdem Dietrich politische und diplomatische Erfahrung gesammelt hatte, trat er 1492 als Rat in die Dienste des Kurfürsten Philipp des Aufrichtigen von der Pfalz und wurde von Kaiser Maximilian I. 1496 an das Reichskammergericht in Wien berufen, was höchste Anerkennung bedeutete. 1499 trat Dietrich in bayerische Dienste und war Rat Herzog Albrechts IV. des Weisen und ab 1516 Herzog Wilhelms IV. und Ludwigs X. 1506 erwarb er das Schloss Eisenhofen bei Freising und wurde von Kaiser Maximilian zum Goldenen Ritter und später auch zum Kaiserlichen Rat ernannt.

Die weiteren württembergischen, kurpfälzischen und bayerischen hohen Ämter, die Dietrich bekleidete, können hier so wenig gewürdigt werden wie seine vielfältigen herausragenden diplomatischen und verfassungsrechtlichen Verdienste in den schwierigen politischen Verhältnissen seiner Zeit. Hervorzuheben ist, dass Dietrich als Wortführer auf Reichstagen, auf welchen die reichspolitischen Angelegenheiten beraten wurden, wegen seiner Rednergabe und seines Wissens, wegen seiner Erfahrung und ausgleichenden Urteilskraft bei den weltli-

Burg Schaubeck
bei Kleinbottwar

chen und geistlichen Fürsten sowie bei Kaiser Maximilian hoch geschätzt war. Sein Ansehen war so groß, daß er beispielsweise 1514 in einer Sitzung des Bayerischen Landtags vor etwa 1000 Mitgliedern der Stände in freier Rede die beiden jungen Herzöge wegen ungebührlichen Verhaltens gegenüber ihren Räten und wegen mangelnder Sparmaßnahmen zum Schuldenabbau höflich, aber bestimmt in ihre Schranken weisen konnte. Dies blieb in Bayern mehr als 300 Jahre in Erinnerung.

Nach dem Tod seiner Frau 1510 nahm Dietrich seine humanistischen Studien wieder auf. In Ferrara hatte er mit Agricola, dem Vater des deutschen Humanismus, Freundschaft geschlossen. Dazu hatte er mehr als 15 Jahre dem Heidelberger Musenhof des Bischofs von Worms und Kanzlers der Pfalz Johannes von Dahlberg, ebenfalls ein Studienfreund aus Italien, angehört. Nun übersetzte er, von seinen Freunden latinisiert „Plinius" genannt, zahlreiche klassische Werke römischer Schriftsteller ins Deutsche. Ferner besorgte er, ein bleibendes Verdienst, die Sammlung und Herausgabe der Altbayerischen Freiheitsbriefe. Seine zweite Frau Felicitas von Freyberg gebar 1515 noch eine Tochter Kunigunde, die später Plieninger Blut nach Südtirol und von dort in viele Länder brachte.

Schloss Eisenhofen
bei Freising

Dietrich verstarb am 26. Februar 1520 und wurde an der Seite seiner ersten Frau in der von ihm und seinen Brüdern erbauten St. Georgs-Kirche in Kleinbottwar bestattet. Sein Grab ist erhalten, und auf einem kunstvollen Grabdenkmal aus Stein ist er mit seinen Eltern, Geschwistern und seiner ersten Frau abgebildet. Das beigefügte Bild Dietrichs stammt von einer bunten Stifterscheibe (Fenster), die ursprünglich in der St. Georgs-Kirche war und heute im Germanischen Museum in Nürnberg ist. Es zeigt ihn mit der goldenen Kette des Ritters.

Dietrich lebte im Zeitalter der Renaissance, dem Übergang vom Mittelalter zur Neuzeit. Gutenberg hatte den Buchdruck erfunden, Columbus Amerika entdeckt und Kopernikus unser Sonnensystem beschrieben. Männer wie Luther, Melanchthon und Zwingli wandten sich gegen kirchliche Dogmen, wie Michelangelo, Raffael, und Dürer befreiten die Malerei von mittelalterlichen Zwängen, wie Leonardo da Vinci und Paracelsus von Hohenheim, Rudolf Agricola und Erasmus von Rotterdam schufen Grundlagen modernen, aufgeklärten Denkens. Hier fügt sich Dietrich als typischer, gestaltender und gebildeter Vertreter der Renaissance und Wegbereiter der Moderne nahtlos ein: Er war ein erfolgreicher Politiker, er entwickelte das Rechts- und Verfassungssystem weiter und er förderte die humanistische Bildung. So nannte er sich in späteren Jahren sehr bewusst Ritter und Doktor Dietrich von Plieningen zu Schaubeck und Eisenhofen. Nach seinen Verdiensten hätte eine Hauptstraße seinen Namen tragen müssen, nun ist am alten Stammsitz seines Geschlechts ein schöner Weg, der in die Hohenheimer Gärten führt, nach ihm benannt. (A. M. Steiner)

Blick vom Monopteros auf das Weichbild von Plieningen mit der Martinskirche der Herren von Plieningen

Das erste Blatt einer handschriftlichen Übersetzung eines Textes des römischen Schriftstellers und Philosophen Lucius Annaeus Seneca, aus der Feder von Dietrich von Plieningen

15

Der Monopteros

Oftmals fragten schon Besucher: Was ist ein Monopteros? Mancher sagte aber auch gleich: Das ist kein Monopteros. Welche Bewandtnis hat es nun mit dem Bauwerk auf dem Hügel im Landschaftsgarten und diesem Namen?

Der moderne Monopteros auf dem Aussichtshügel zur Zeit der Blüte des Blauroten Steinsamens

Das zusammengesetzte Wort „mono-pteros" stammt aus dem Griechischen und bedeutet „Ein-Flügler". In der Baukunst bezeichnet es einen Rundtempel, der einen einfachen Ring von Säulen besitzt, die ein Gebälk tragen, auf dem ein kuppelförmiges Dach ruht, und dessen Innenraum frei ist. Wäre im Innenraum noch eine Cella, eine runde Kammer, wäre dies ein „peri-pteros", ein „Rund-um-Flügler". Die in der Mehrzahl griechisch Monoptera, deutsch Monopteren genannten Tempel waren in der Antike weit verbreitet sowohl im wuchtigen dorischen als auch im eleganten ionischen sowie blättergeschmückten korinthischen Baustil.

Im Verlauf der Entwicklung des Englischen Landschaftsgartens im 18. Jahrhundert wurde der reizvolle, als Rundbau richtungslose Monopteros wiederentdeckt und in vielfältiger Funktion als Gartenpavillion,

Brunnentempel oder auch Denkmal an markanten Punkten wie auf Anhöhen, an Wegekreuzungen oder in einem Talschluss aufgestellt. Der ionische Stil wurde bevorzugt, denn die Eleganz der schlanken Säulen auf einer zierenden Basis, das Kapitell mit den geschwungenen Voluten (Schnecken), die Leichtigkeit des niederen Gebälks und darüber die harmonische Wölbung der Kuppel, deren Spitze oftmals noch mit Zierrat geschmückt wurde, kamen dem Zeitgeist entgegen. So befand sich einst auch in der Englischen Gartenanlage Herzog Carl Eugens als Teil der „Ruinen eines Römischen Bades" ein Monopteros. Acht ionische Säulen trugen auf schmalem Gebälk eine nahezu halbkugelförmige, von einem Adler gekrönte Kuppel. Der wohl bekannteste Monopteros, 1836 errichtet, befindet sich im Englischen Garten in München.

Betrachtet man den modernen Monopteros im Hohenheimer Landschaftsgarten, so hat er mit dem klassischen Monopteros wenig gemein. Denn nicht nur ein Kreis, sondern gleich zwei Kreise von je acht Säulen aus Betonmarmor sind jeweils mit einem Architrav, einem ringförmigen Balken, wie mit einer Krone verbunden, und ein Gebälk und ein Kuppeldach fehlen. Aber der innen freie Rundbau lehnt sich in seiner Konzeption doch deutlich an den antiken Monopteros

Ein Monopteros, Ausschnitt aus: „Das Römische Bad". Colorierter Stich nach V. Heideloff, 1795

an, und er steht dazu auch auf der markantesten Stelle, dem Aussichtshügel, der von überall her gesehen wird und eine optische Mitte bildet. Insofern sind wesentliche Eigenschaften eines Monopteros nicht zu verkennen.

Der doppelte Kranz von je acht schmalen, hohen Säulen steht auf einem runden Podest, das zur Mitte hin in 16 Segmente geteilt ist. Außen ist ein doppelter Plattenring von Jura-Travertin. Nach innen folgt ein Ring aus Basalt-Pflastersteinen, in welchem der äußere Säulenkranz steht. Erneut folgt ein Plattenring Jura-Travertin und ein Ring Basalt-Pflastersteine, in dem nun der innere Säulenkranz steht. Ein nochmaliger Plattenring aus Jura-Travertin umgibt in der Mitte eine Scheibe aus dunklem, indischem Granit, in die von Rand zu Rand eine einfache Windrose eingeschliffen ist mit der Beschriftung N, O, S, W. So entsteht ein interessantes Muster aus konzentrischen Segmenten und farbigen Ringen. Ergänzend einige Maße: Die Säulen sind bei einem Durchmesser von 30 cm 5 m hoch, das Podest hat einen Durchmesser von 9 m und die Windrose einen solchen von 1,6 m. Um das Podest läuft ein 2 m breiter, tiefer liegender Rasenstreifen, in dem die sechs Säulenhainbuchen wurzeln und fünf Steinbänke stehen, die die Besucher zum Verweilen einladen. Die Besucher können auf einem äußeren, gepflasterten Weg um die ganze Aussichtsplattform des Monopteroshügels herumgehen.

Der Monopteros
im Sommer

Der Landschaftsgarten mit dem Aussichtshügel war Anfang der 1990er Jahre vom Landschaftsarchitekten Prof. Hans Luz entworfen worden. Seit 1997 standen auf der Anhöhe die sechs vom Universitätsbund Hohenheim gestifteten Säulenhainbuchen. Um den Hügel durch ein ergänzendes Bauwerk zu krönen, war der international renommierte Landschaftsarchitekt und Künstler Hans-Dieter Schaal um Entwürfe gebeten worden. Der Gartenbeauftragte der Universität Hohenheim Prof. Adolf M. Steiner hatte sich auf Empfehlung von Prof. Luz eingehend mit dem künstlerischen Werk

Schaals befasst und angeregt, in Anlehnung an das beeindruckende, rechteckige Kunstwerk Stangenwald von Schaal im Höhenpark Killesberg hier in Hohenheim nun eine runde Form ähnlichen, geordneten, aufstrebenden Charakters zwischen die Säulenhainbuchen zu stellen. Schaal griff den Gedanken auf und schuf einfühlsam den doppelten Kranz schmaler, hoher, eng stehender Säulen mit den leichten Kronen, der heute mit den Säulenhainbuchen verwachsend den Hügel ziert; Kunst und Natur in harmonischem Zusammenspiel.

Der Monopteros
im Frühling

Mit dem Monopteros wurde der Hügel zum beherrschenden Gartenelement, zum Aussichtpunkt mit einem phantastischen Panorama. An sonnigen Tagen mit Sicht eröffnen sich dem Schauenden durch die Säulen schreitend reizvoll wechselnde Blickfenster hoch zum Schloss, über das Körschtal hinunter und über das Weichbild Plieningens mit seiner alten Martinskirche und die Filderebene hinweg weit hinaus zur Schwäbischen Alb; und am Fuße liegen die Gärten. Innen nach oben blickend leuchtet das Blau des Himmels mit weißen, ziehenden Wolken wunderbar von den Ringen der Kronen eingefasst. In klarer Nacht funkeln die Sterne berückend durch das Rund der Kronen, und im Mondschein schimmern die schlanken Säulen silbern zwischen dem matten Grün der Hainbuchen. Des Nachts umfängt ein heimlicher Zauber Hügel, Gärten und Land.

Der Monopteros
im Herbst

Hätte es Alternativen zur Benennung Monopteros gegeben? Gartenbaulich böten sich französisch die Gloriette und italienisch der Tempietto an. Unter Gloriette versteht man ein Gartenhaus in der Form eines offenen Pavillons, unter Tempietto einen kleinen Tempel, meist mit einem Portikus, einer säulengetragenen Vorhalle. Beide, ebenfalls fremdsprachlichen Begriffe eignen sich näher besehen genau so gut oder genau so schlecht für das moderne Bauwerk wie der Name Monopteros. Deshalb entschied Universitätspräsident Prof. Klaus Macharzina, den wohlklingenden, klassischen Namen Monopteros aus der antiken Welt für das Bauwerk zu wählen. Und wer denkt, dass dies unzulässig sei, mag wohlgemut sagen: Moderner Monopteros. (A. M. Steiner)

Der Blick zum Himmel,
auch des Nachts
wundervoll

Viele Besucherinnen und Besucher fragen, welche geheimnisvolle Bewandtnis es mit der wundersamen Säulenskulptur habe, die im Tal des neuen Landschaftsgartens am Übergang zur Seenlandschaft der Vegetationskundlichen Abteilung des Botanischen Gartens auf dem kleinen Hügel errichtet wurde.

Säulenskulptur,
Blick zur Rotunde
und zum Schloss

Nun, die weithin sichtbare, weiße, aufrecht stehende Säule markiert wie ein ausgestreckter Zeigefinger einen wichtigen Punkt im Achsensystem Hohenheims. Denn sie steht in der Hohenheimer Nord-Süd-Achse, die von der Turmallee auf dem Goldenen Acker durch die Schloßmitte unter der Kuppel hindurch zur Jägerallee am Schloßberg verläuft und einst an der Körsch endete. Wer, zumal im Winterhalbjahr, wenn die Bäume ohne blickhemmendes Blattwerk stehen, den Weg vom südlichen Schloßportal durch die Jägerallee zur heutigen Rotunde geht, hat, auch ohne weiterführenden Weg, immer die Säulenskulptur vor Augen, den Blickfang Nord - Süd. Natürlich sieht der an der Säule stehende Besucher umgekehrt so zum Altar vor dem Südportal des Schlosses.

Die Säulen-Skulptur von Westen

Von den zwei liegenden Säulen weist die kürzere Säule das Tal hinauf den Weg entlang, der vom Landschaftsgarten zum Exotischen Garten führt, dorthin, wo die von einem hochherzigen Spender gestiftete, äußerst beliebte Rundbank um eine Stiel-Eiche steht. Wer die Gedanken in dieser Richtung weiter schweifen lässt, gelangt endlich zu dem von Herzog Carl Eugen 1763 - 1767 erbauten, herrlich über dem Unterland gelegenen, prächtigen Schloss Solitude. Dort feierte der Herzog einst seine prunkvollen Feste, bevor er sich mit seiner Favoritin Franziska ab 1772 zunehmend ins ländliche Hohenheim zurückzog, das schließlich ab 1776 an Stelle der Solitude Sommerresidenz wurde.

Die längere Säule liegt in der Flucht des langgestreckten, unteren Hügels mit der Lindenreihe auf seinem Kamm und spricht das Körschtal hinunter weisend ebenfalls historische Bezüge an. Denn im Körschtal erbaute Herzog Carl Eugen den Scharnhauser Park und darin 1783 sein heute noch erhaltenes Schlösschen, über dessen Säuleneingang die Worte „Carolo otio" stehen, d. h. „Carl zur Muse". Auch ein ionisches Tempelchen blieb erhalten. König Wilhelm I., der Gründer der Landwirtschaftlichen Unterrichts- und Versuchs- und Musteranstalt Hohenheim, der heutigen Universität, errichtete dort später ein Vorwerk zur Fohlenaufzucht. Lässt man den geistigen Blick in dieser Richtung weiterschweifen, erreicht

man auf dem linken Neckarufer das Gestüt Weil, wo Wilhelm I. vormals die Stutenherde seiner weltberühmten Araberzucht hielt; die Hengste standen in Klein-Hohenheim. „Kein Kulturaraber ohne Weiler Blut" heißt ein geflügeltes Wort in Züchterkreisen. Vom Gestüt Weil steht nur noch das Schlösschen, die Araberzucht fand ihre neue Heimat im Gestüt Marbach an der Lauter.

Im Landschaftsgarten ist die Säulenskulptur als Gestaltungselement ein loses, leichtes Gegenstück im Tal zu dem geordneten, strengen Monopteros auf dem Hügel, doch sind die Säulen aus dem gleichen Material geschaffen, Betonmarmor. Beide Installationen, oben der thronende Monopteros und unten die hingestreckte Säulenskulptur, bilden mit der flach konkav geschwungenen Mauergalerie mit der Lindenarkade auf dem unteren Hügel im Dreiklang einen weit gespannten Bogen, der die Blicke von der großen Wiese des Botanischen Gartens am Schlossberg und von der großen Wiese des Landschaftsgartens wie in einem Brennglas einfängt und doch zugleich beidseits ins Körschtal dem Auge freie Bahn läßt. Vielseitige, reizvolle Blickbeziehungen sind die wesentlichen Elemente einer gelungenen Gartengestaltung. Besuchen Sie die genannten Punkte und schauen Sie jeweils ins Rund, und Sie werden die Schönheit und Harmonie der künstlerischen Gartengestaltung erleben.

Nicht von ungefähr wurde der von dem bekannten Landschaftsarchitekten Prof. Hans Luz entworfene und vom Universitätsbauamt Stuttgart und Hohenheim unter seinem Amtsvorstand Klaus Schmiedek gebaute Land-

schaftsgarten im Jahr 2002 bei dem nur alle fünf Jahre stattfindenden Wettbewerb „Beispielhaftes Bauen" von der Architektenkammer Baden-Württemberg unter 122 gemeldeten Bauprojekten mit einem der begehrten Preise ausgezeichnet. Gartenanlagen erhielten diese Auszeichnung bisher höchst selten. (A. M. Steiner)

Vom Lavendel-Labyrinth zum Exotischen Garten im Frühling

Lavendel-Labyrinth mit Säulen-Skulptur im Raureif

Im neuen Landschaftsgarten wurde auf der großen Wiese unterhalb des Monopteros im Jahr 2004 von der Gartengestalterin Karola Brunken und den Fachlehrern Renate Koppen und Gerhard Walter der Landwirtschaftlichen Schule Stuttgart, die als Berufsschule zur Staatsschule für Gartenbau und Landwirtschaft gehört, ein Lavendel-Labyrinth angelegt. Nahezu 100 Auszubildende der Fachrichtung Landschafts- und Gartenbau haben sieben Monate daran gearbeitet. Am Tag vor der Sommersonnenwende wurde das Labyrinth unter großer Anteilnahme zahlreicher Gartenbesucher von der Gestalterin und einem Hochzeitspaar mit alten Ritualen eingeweiht. Denn Labyrinthe sind uralte Kultstätten im Freien, finden sich aber auch als kleine bildliche Darstellungen. Sie entstanden schon in der Jungsteinzeit vor mehr als 4000 Jahren und sind beispielsweise als Ritzzeichnungen auf Felsen überliefert. Später kennt man Labyrinthe von Abbildungen auf Tonscherben und bronzezeitlichen Münzen. Denn im Freien errichtete Labyrinthe gingen verständlicherweise im Laufe der Jahrtausende verloren. Oft werden Labyrinthe mit Irrgärten verwechselt, die erst um 1500 im Zeitalter der Renaissance aufkamen. Deshalb seien beide Gestaltungstypen kurz beschrieben.

Labyrinthe sind gegenüber ihrer Umgebung abgegrenzt, sie besitzen nur eine Öffnung, Eingang und Ausgang zugleich, sie haben nur einen Weg, und sie haben eine Mitte. Der Weg führt vom Eingang aus auf möglichst verwirrenden Umwegen und langer Strecke zur Mitte. Dort hält der Besucher inne, kehrt um und geht denselben Weg zurück, der Eingang wird jetzt zum Ausgang. So verwirrend die Wegeführung auch sein mag, wenn sich ein Besucher entscheidet, den Weg zu gehen, kommt er sicher zur

17

Das Lavendel-Labyrinth

Felsritzzeichnung,
Luzzanas, Sardinien,
Jungsteinzeit,
2500 – 2000 v. Chr.

Felsritzzeichnung,
Cornwall, England,
Frühe Bronzezeit
1800 – 1400 v. Chr.

Mitte und nach der Kehrtwende wieder sicher zum Ausgang bzw. Eingang zurück. Die Frage ist also nicht, wohin führt der Weg, sondern allein: Gehe ich den Weg, oder gehe ich ihn nicht.

Im Gegensatz dazu ist ein Irrgarten nicht abgegrenzt und hat mehrere Eingänge, es gibt verwirrend viele, durch Sichtblenden wie hohe Hecken oder Wände flankierte Wege, die sich kreuzen, und Sackgassen erschweren zusätzlich die Orientierung. Im Irrgarten ist man bei der Suche nach dem Weg in die Mitte und aus dieser wieder heraus auf sich selbst gestellt, es bedarf also der eigenverantwortlichen, rational kritischen Analyse des Wegesystems. Ein Irrgarten bildet deshalb für den aktiven, intelligenten und risikofreudigen Besucher eine reizvolle Herausforderung mit nicht zu unterschätzendem Spaß- und Erfolgsfaktor. So findet man Irrgärten auch in Vergnügungsparks und auf Volksfesten. Kurzum, der in die Schöpfung und gläubig in die formierte Gesellschaft eingefügte Mensch des Labyrinths steht dem in der Renaissance entstandenen, aufgeklärten und rational denkenden, freien und selbstverantwortlichen Menschen des Irrgartens gegenüber.

Kretisches Labyrinth
7 Umgänge, Ur-Typ

Baltisches Rad
8 Umgänge

Das Hohenheimer Lavendel-Labyrinth ist ein Baltisches Rad, ein Labyrinthtyp, der in den Anrainerländern der Ostsee, dem Baltischen Meer, verbreitet war. Das Rad hat bei einem Durchmesser von 32 Metern einen Umfang von rund 100 Metern und bedeckt eine Fläche von etwa 800 Quadratmetern. Die Wege säumen 2500 Lavendelpflanzen von 10 verschiedenen Sorten eingebettet in Kalksteinschotter, der an die Heimat des Lavendels, aber auch an die nahe Schwäbische Alb erinnert, deren Felsen hell zum Monopteros herübergrüßen. Der rhythmisch pendelnde Weg, der in acht Umgängen zur Mitte führt, ist 430 Meter lang, wohl gute fünf Minuten Gehzeit. Eine Besonderheit des Baltischen Rads ist, dass man keine Kehrtwende machen und von der Mitte aus die lange Wegstrecke wieder zurück gehen muss, sondern einen kurzen Weg von nur 15 Metern zum Ausgang nehmen kann. Denn es besitzt in der Mitte nicht die klassische Kreuzstruktur, sondern ypsilonförmig wird der Weg zum Ausgang wei-tergeleitet. Diese Art der Wegeführung erleichterte einst rituelle Spiele, da die zur Mitte Strebenden nicht durch die Zurückkehrenden behindert wurden. Eine weitere Besonderheit ist, dass Paare auf wundersame Weise miteinander gehen können. Denn stellen sich Paare nebeneinander so auf, dass der eine Partner von der Mitte aus in Richtung Ausgang zurück geht, und der andere Partner vom Eingang her in Richtung Mitte hinein geht, gehen sie wohl getrennt ein jeder auf seinem Weg, aber immer auf gleicher Höhe Schulter an Schulter miteinander verbunden. Auf der Hälfte des Wegs begegnen sie sich an einer großen Schleife, verweilen vielleicht, gehen dann weiter und haben am Ende ihres Weges schlicht ihre Positionen gewechselt; wahrlich ein Erlebnis voller Zauber.

In verschiedenen Kulturepochen und Kulturkreisen waren die Labyrinthe mit den verschiedenartigsten Bräuchen verbunden. Das reichte von mythischen Feiern zur Bronzezeit in der minoisch-griechischen Kultur, zierenden Dekorationen auf Gegenständen sowie kriegerischen Ritualen in der römischen Antike bis hin zum heiligen Kult in den großen Kathedralen des Abendlands im Mittelalter. Heute werden Labyrinthe vorwiegend für meditative Zwecke verwendet. Denn in der heutigen, rational-technologischen Welt mit ihren komplexen Vernetzungen gibt es Menschen, die sich - wie in einem Irrgarten - nicht mehr zurecht finden. Diese suchen nach Sicherheit und Harmonie, nach einer Mitte, und stellen die Frage nach dem Sinn vieler Dinge. So blühten Spiritualität und Esoterik, Mystik und Magie wieder auf. Und hier wurde auch das Labyrinth als mythisch-mystisches Symbol uralter Menschheitsgeschichte wiederentdeckt und dient als meditatives Instrument ähnlich Aufenthalten in Klöstern oder Wanderungen auf Pilgerpfaden zur Selbstfindung. Denn der gläubige, meditative Gang durch ein Labyrinth führt nicht nur absolut sicher zur Mitte und wieder zurück, sondern mag dazu beitragen, dabei auch Ruhe und die eigene Mitte wieder finden zu können als eine mögliche Voraussetzung für das Erkennen eines Sinns in Dingen. Mit dem Lavendel-Labyrinth erhielten die Hohenheimer Gärten so einen kleinen Meditationsgarten hinzu.

Kinder allerdings sehen das Lavendel-Labyrinth in ihrer Unbefangenheit anders. Kinder und Jugendliche schreiten, hüpfen, laufen, springen und tollen fröhlich alleine oder miteinander die sich windenden, pendelnden Wege entlang, oftmals auch hin und her die Laufrichtung wechselnd. Sie nehmen das Labyrinth in seiner wohl ursprünglichs-

ten Form als Tanzplatz, zum heiteren Spiel.
(A. M. Steiner)

Die große „Blickbeziehung mit Aha-Effekten" von Prof. Hans Luz.
Die Grünflächen vom Landschaftsgarten, dem Schlossberg und der
Versuchsstation erscheinen dem Betrachter als eine einzige, zusam-
menhängende Fläche vor dem Weichbild Kemnats. Erst wenn er
voranschreitet erkennt er die Unterbrechung zwischen dem Landschaftsgarten und dem Schlossberg durch das tiefe Tal mit den Teichen, die Unterbrechung zwischen dem Schlossberg und der Versuchsstation durch den Mühlweg und die Unterbrechung zwischen
der Versuchsstation und Kemnat durch das Ramsbachtal. Solche
Sichtachsen mit Grünflächenillusionen sind Elemente des Englischen
Landschaftsgartens, wie beispielsweise auch im Schwetzinger
Schlossgarten hinter dem Großen Weiher hinaus in die Feldflur.

18

Die Vision

Vom Kinderspielplatz im Botanischen Garten führt ein leicht geschwungener Weg durch den Kräutergarten der Universität Stuttgart hinauf zum Exotischen Garten. Eine prächtige Stieleiche und ein im Herbst glutroter Amberbaum vor einer Grannen-Tanne zur Linken sowie ein dreistämmiger Urweltmammutbaum und eine Sicheltanne zur Rechten weisen die Richtung, wo der Weg ins Gehölz des Exotischen Gartens eintaucht. Dort gabelt sich der Weg nach wenigen Schritten. Die südliche Abzweigung stößt nach kurzem Lauf zwischen der Morgenländischen Goldspitzenfichte und der Morgenländischen Hängefichte auf den östlichen Nord-Süd-Längsweg des Exotischen Gartens, und die nördliche Abzweigung mündet gegenüber dem hohen Bergahorn und dem alles überragenden Tulpenbaum aus herzoglicher Zeit (Pflanzjahr 1789) auf eben diesen Weg. Von diesem Längsweg aus kann man natürlich auch in umgekehrter Richtung gehen.

Genau bei der Gabelung dieses Wegs stehen nun links und rechts von ihm und im Feld zwischen der Gabelung drei Metallskulpturen symbolbehafteter Tierwesen. Zu-

Die drei Tierfiguren an der Gabelung des Wegs

sammen bilden sie das Kunstwerk „Vision", das der junge Künstler Edgar Haldenwang, 1956 in Stuttgart geboren und technischer Mitarbeiter der Universität Stuttgart, 1998 dort aufstellte. Eine Vision ist ein vom lateinischen „videre" = sehen abgeleitetes Wort und bezeichnet ein Traumbild, eine Zukunftsvorstellung, ein angestrebtes Ziel, eine noch nicht realisierte Ergebnisvorstellung. Jeder hoffnungsvolle Mensch hat Visionen und lebt von Visionen, die er zu verwirklichen sucht als Zielvorstellungen seines Lebensplans. Auf dem Weg zur Verwirklichung solcher Visionen stehen dem Strebenden aber oftmals schwere Hindernisse entgegen. Hier bedarf er zur Überwindung der Hilfe wirkungsvoller Verbündeter. Im Märchen „Die drei Geschwister", das dort auf einer liegenden Tafel zu lesen ist, erzählt Frau Hanna Jäckle-Haldenwang, ebenfalls Stuttgarterin geboren 1968, die Geschichte eines

Der Stier

Menschen, der trotz dreier Hemmnisse seiner Vision erfolgreich zustrebt. Denn drei uralte, mythische Wesen aus der Natur stehen ihm bei. Ein mächtiger Stier lehrt ihn, wie er stark und kraftvoll seine lähmende Müdigkeit überwinden kann. Ein glatter und schneller Fisch erklärt ihm, wie er elegant und geschmeidig seine träge Langsamkeit und Schwere hinter sich lassen kann. Eine gipfelstürmende Bergziege zeigt ihm, wie er geschickt und mit Ausdauer schwindelerregende Höhen bezwingen und gelassen die Einsamkeit ertragen kann. Solcherart belehrt, schreitet der Mensch schließlich tatkräftig frei seiner Vision entgegen, die hier symbolisch als die alles überstrahlende Sonne beschrieben wird.

Der Künstler schweißte nun diese drei Geschwister: Stier, Fisch und Ziege, als Metallskulpturen aus Fundstücken, Negativteilen von Werkstücken und Verschnitt von Geräten zusammen. So schuf er künstlerisch aus Metallabfall lebendige Figuren. Die Skulptur des Stiers steht auf einer kleinen Erhebung aus Steinen. Ein schmales, hohes, seitlich durch tiefe Schweißschnitte ausgefranstes, dickes Metallband, nach vorne ver-

Der Fisch

stärkt durch eine nach unten breit auslaufende Rippe, trägt oben ausladend eine mondförmige Sichel als Hörner. Die eindrucksvolle Stärke dieser Skulptur wird durch eine auf deren Sockel liegende, goldene Halbkugel unterstrichen, die Kugel als Symbol gebändigter Kraft in vollkommener Form. Die Skulptur des Fischs fußt auf einem großen, asymmetrisch flächigen Ring in einem Kiesbett. Eine darauf senkrecht stehende, aufgeschnittene Rohrhälfte mit der gewundenen Welle einer Knetmaschine im Innern bildet den Fischleib. Das oben aufgesetzte Wasserbecken ist ein abgeschnittener Kesselboden. Von dessen Rand geht ein sich verjüngender Fischschwanz aus, der in einem Beil als Schwanzflosse endet. Das Streichblech einer Kartoffellegemaschine bildet die Seitenflossen. Die Skulptur der Ziege schließlich steht erdverbunden auf einem kleinen Metallsockel. Wie beim Stier bildet ein Metallband den Körper. Bis auf dessen halbe Höhe reicht eine davor gesetzte Welle mit acht faustgroßen Verdickungen und kurzen Schnürungen, die den hageren

Die Ziege

Ziegenhals darstellt. Auf diesem bildet der Vorschäler eines Pflugs das Gesicht der Ziege und die Spitzen zweier Pickel ihr Gehörn. Die mutige Stärke des Stiers, die behände Wendigkeit des Fischs und die sichere Gelassenheit der Bergziege kommen in den abstrakten Metallkompositionen überaus wirkungsvoll zum Ausdruck.

Mit der Märchenerzählung im Hintergrund lenkt so das rostbraune Kunstwerk Vision mitten

im schimmernden Grün der Gehölze die Gedanken des Betrachters zurück in die Welt der Sagen und Mythen, zurück zu Urbildern der Natur, in eine Zeit, da die Lebenssphären von Mensch und Tier noch eine Einheit bildeten. Und zugleich richtet das Kunstwerk den Blick auf den Menschen, der Ideen entwickelt, Wünsche gebiert, Träume hegt, kurz Visionen hat, die er Mühen nicht scheuend und von wohlgesinnten Mächten getragen oft lebenslang beharrlich strebend zu verwirklichen sucht. Die Botschaft der in die Märchenerzählung eingebetteten Skulpturen wird auch Kindern leicht zugänglich, ein Anliegen, das dem Künstler am Herzen lag.   (A. M. Steiner)

Die große Englische Wiese
südlich des Spielhauses

19

**Goethes
Gedanken zu
Herzog Carl
Eugens
Englischem
Garten**

Herzog Carl Eugen schuf in den Jahren zwischen 1776 und seinem Tod 1793 in Hohenheim seine „Englische Anlage". Nahezu 60, vornehmlich antike Monumente, aber auch zeitgenössische Bauwerke überwiegend ländlichen Charakters standen auf einer Fläche von 21 ha. Herzogin Franziska nannte das Ensemble schlicht ihr „Dörfle", und ein Teil davon mit gut 9 ha bildet heute noch den Exotischen Garten des Landesarboretums.

Die außergewöhnliche Vielfalt der Szenerien hob die Hohenheimer Anlage vor anderen Englischen Gartenanlagen ihrer Zeit als einzigartig hervor und machte sie weithin bekannt. So schrieb Prof. Christian Hirschfeld, damals die Autorität des Gartenbaus, nach seinem Besuch 1783 in Hohenheim in seiner fünfbändigen Theorie der Gartenkunst: „Man sieht eine unerschöpfliche Fruchtbarkeit von Bildern, nichts Fremdes noch Alltägliches, alles so treffend gewählt ... dass die Hände der Grazien hier gewaltet zu haben scheinen". Dazu rühmte er, dass in Hohenheim mit 1200 Arten „die reichste und vollständigste Sammlung von ausländischen Bäumen und Sträuchern" in Deutschland stünde. Der weitgereiste, österreichische Feldmarschall Charles Joseph Fürst von Ligne, ebenfalls ein Kenner und dazu Besitzer prachtvoller Gartenanlagen sowie Autor eines Buches über die Gärten Europas, fand bei seinem Besuch 1786 den Hohenheimer Garten „ingeniös". Friedrich Schiller beschrieb schließlich 1795 die „geistvolle Einheit in dieser barocken Komposition", nämlich die Gartenanlage mit den vielen Gebäuden in ihrer Gesamtheit als

Sinnbild der vergänglichen Pracht und Sittenverderbnis des alten Roms gegenüber der bleibenden Schlichtheit und Tugendhaftigkeit des Landlebens. Dies Sinnbild bezog Schiller sowohl auf die tiefgreifenden Veränderungen der Gesellschaftsverhältnisse seiner Zeit als auch auf die Lebensgeschichte des Herzogs selbst.

„Die Köhlerhütte"
in der Hohenheimer
Englischen Anlage.
Colorierter Stich
nach V. Heideloff,
1795

Ganz anders dagegen urteilte Johann Wolfgang von Goethe, der den herzoglichen Garten vor rund 210 Jahren besuchte. Er schrieb 1797 in sein Tagebuch: „Der ganze Garten ist mit kleineren und größeren Gebäuden übersät, die mehr oder weniger teils einen engen, teils einen Repräsentationsgeist verraten. Die wenigsten von diesen Gebäuden sind auch nur für den kürzesten Aufenthalt angenehm oder brauchbar. Bei diesen vielen kleinen Partien ist merkwürdig, dass fast keine darunter ist, die nicht ein jeder wohlhabende Partikulier [= Privatmann] ebenso gut oder besser haben könnte, nur machen viele kleine Dinge zusammen leider kein großes."

„Das Boudoir" in
der Hohenheimer
Englischen Anlage.
Colorierter Stich
nach V. Heideloff,
1795

Das war nun ein überraschend abfälliges Urteil, das angesichts der Bedeutung Goethes hinterfragt werden musste. Dies tat der Geschichtswissenschaftler und Leiter des Archivs der Universität Hohenheim Prof. Dr. Ulrich Fellmeth 1992 in einer sachkundigen und feinsinnigen Studie. Kurzgefasst ist sein Ergebnis folgendes: Nach der Französischen Revolution 1789 wandte sich Goethe zunehmend von der höfischen Welt ab und dem klassisch bürgerlichen Bil-

dungsideal zu. Deshalb war er von vornher-
ein schon einmal gegen alles Herzogliche
eingestellt. So wohnte er in Stuttgart auch
bei Kaufmann Rapp, bei dem die bürgerlich
geistige Elite verkehrte, und hatte keinerlei
Kontakt mit dem herzoglichen Hof. Ent-
scheidend für Goethes Urteil war jedoch,
dass für Goethe die Antike das absolute
künstlerische und sittliche Vorbild war,
Herzog Carl Eugen aber in Goethes Augen
geschmacklos antike Bauwerke für höfische
Zwecke verfremdet und zu repräsentativen
Versatzstücken degradiert hatte. Dass Goethe den Aufenthalt in den Gartengebäuden
nicht mehr „angenehm" empfand, ist ver-
ständlich, waren diese doch vier Jahre nach
des Herzogs Tod vielfach schon am Verfallen. Allerdings übersah Goethe, der nur einen Tag in Hohenheim weilte, auch einiges:
So war beispielsweise der Hohenheimer
Garten ausschließlich der höfischen Gesellschaft vorbehalten und keine öffentliche
Gartenanlage wie der Garten in Weimar,
und der Mangel an Wasserflächen war kein
Versäumnis des Herzogs, sondern schlicht
naturgegeben; die in ganz Deutschland berühmte Sammlung an exotischen Gewäch-
sen erwähnte er nicht. Dazu vergegenwärtig-
te sich Goethe offensichtlich nicht, dass der
Garten mehr als 20 Jahre zuvor von einem
der letzten Repräsentanten des Absolutismus
am Ende des Barocks entworfen worden war
und urteilte aus dem Geist des nun herr-
schenden Klassizismus heraus.

Wägen wir ab: Schiller, der sich ein Leben lang mit Herzog Carl Eugen auseinan-
derzusetzen gehabt hatte, wurde in seinem
Urteil dem herzoglichen Garten wohl eher
gerecht als der landesfremde, eben einmal
vorbeireisende Goethe. Denn Schiller hatte
die nötige Vorstellungskraft, die romantische Idee der Darstellung der Vergänglich-

keit aller Pracht und der Beständigkeit des
einfachen Lebens, die hinter dem herzoglichen Gartenentwurf stand, zu erkennen, und
als Historiker hatte er dazu die Fähigkeit,
die Art der Verwirklichung dieser Idee
rückblickend im künstlerischen Rahmen der
vergangenen Zeit zu sehen. Nehmen wir in
diesem Fall guten Muts Goethe einfach
einmal nicht so ernst, auch Genies machen
Fehler. (A. M. Steiner)

Der „Lange See" bei der Landesanstalt
für Bienenkunde, die Verbindung zwischen Exotischem Garten und
Botanischem Garten

Die berühmte, historische Jägerallee
aus Schwarzpappeln, die Verbindung
zwischen Botanischem Garten und
dem Schlosspark

20

Relikte von Herzog Carl Eugens Englischer Anlage, die um 1950 abgingen

Von den etwa 60 Bauwerken, die einst in Herzog Carl Eugens Englischer Anlage standen, stehen heute im Exotischen Garten nur noch das Spielhaus, das Römische Wirtshaus und die Trümmer der Drei Säulen des Tempels des donnernden Jupiter. Vor etwa 60 Jahren waren noch weitere Relikte zu sehen, die bei der Neuordnung der ehemaligen Baumschule zwischen 1950 und 1960 aufgegeben wurden. Gehen wir von Nord nach Süd:

„Der See mit einer Insel" in der Hohenheimer Englischen Anlage. Colorierter Stich nach V. Heideloff, 1795

Im nordöstlichen Teil des Exotischen Gartens, Ecke Garbenstraße und August-von-Hartmann-Straße, waren noch Reste der Wasserbecken vorhanden, welche Herzog Carl Eugen als Sammelbehälter zum Betrieb seiner Wasserspiele angelegt hatte. Sie waren inzwischen als Erlenplantagen und auch für die Fischzucht genutzt worden. Nach 1945 wurden sie zur Mülldeponie und schlussendlich mit Erde überdeckt. Kürzlich fanden Bauarbeiter dort bei einem Rohrbruch im Erdaushub erstaunt alte Schuhe und Textilien, Bierflaschenscherben sowie Laborglasreste.

See mit Insel, aus Romberg, 1899. Mitte Haus Kauderer, rechts Gaststätte Garbe

Unterhalb der Garbenwiese auf der Höhe des Eingangs am Christkönigshaus lag noch der „See mit einer Insel" aus herzoglicher Zeit. Er wurde von dem Bächlein gespeist, das auch heute noch dort vorbeifließt. Die Brücke auf die Insel, Anfang der 30er Jahre noch vorhanden, war nach dem Krieg nicht mehr da. Aber als Buben konnten wir durch das flache Wasser watend die Insel leicht erreichen, um uns beim „Räuberles-Spielen" dort auf einer verfallenen, steinernen Rundbank sitzend zu verstecken. Der See, am Zuflussbereich bereits verlandet, fiel mangels ausreichender Wasserschüttung sommers oft zur Hälfte trocken und bot einen unschönen Anblick. So wurde er bei der Neuordnung des Exotischen Gartens zugeschüttet.

Bis 1959 stand das Natursteinbecken eines Quellbrunnens mit zwei Säulen östlich des Japansees im Kornelkirschengestrüpp versteckt. Dies war einst ein kapellenartiges Häuschen mit Säulenportal gewesen, das Anfang des 20. Jahrhunderts bei einem Sturm durch umstürzende Bäume zerstört worden war.

Das Quellhäuschen, Zeichnung von Friedrich (Fritz) Wörner, Plieningen, 1892 - 1976

Als 1960 die Wegeführung des Exotischen Gartens neu geordnet wurde, und über den damals aufgefüllten, östlichen Arm des Japansees der heutige Weg zwischen Spielhaus und Römischem Wirtshaus geführt wurde - der vorher westlich des Sees verlief, wo heute ein Plattenweg blieb - wurden die zwei ungesicherten Säulen entfernt. Das Doppelbecken, für spielende Kinder eine Gefahrenquelle, wurde Anfang der 1980er Jahre abgebaut. Heute markiert in der Wiese nur noch eine kleine Abdeckplatte den ehemaligen Standort. Die Säulenreste dieses Quellhäuschens im Dickicht fernab des Wegs blieb den meisten Besuchern verborgen. Wir Buben entdeckten sie im laublosen Winter beim Schlittschuhfahren und brachten sie mit der herzoglichen Anlage in Verbindung. Dies trifft jedoch nicht zu. Das Quellhäuschen war erst Mitte des 19. Jahrhunderts zur Zeit der Exotischen Landesbaumschule errichtet worden.

Zwischen der großen Blutbuche mit der Rundbank und der Mittags-Stele war noch der einst viereckige Graben des Römischen Gefängnisses erhalten; die nördliche Seite mit Brücke war schon aufgefüllt. Der Grabenrest lag mitten in der verwilderten Baumschulfläche. Für uns Lausbuben war es von besonderem Reiz, sich auf einem Trampelpfad mit dem Fahrrad mit Schwung auf der

Heutige Wiesenfläche an der Stelle des Sees mit Insel. Links Haus Kauderer, rechts Gaststätte Garbe

„Das Römische Gefängnis" in der Hohenheimer Englischen Anlage. Colorierter Stich nach V. Heideloff, 1795

äußeren schrägen Wand des Grabens hinabzustürzen, um nach der Querung der Boden-fläche mit Schwung auf der anderen Schräge emporzu-schießen und auf der quadrati-schen Fläche zu landen, wo einst der Gefängnisturm stand. Wichtig war, Acht zu geben, dass Gartenin-spektor Dietrich, der im Spielhaus wohnte, nichts von unserem Fahrradunwesen bemerk-te. Mit der Rodung der letzten, südlich davon gelegenen Baumschulfläche, einer Ahorn-plantage, wurde der Graben um 1955 gänz-lich verfüllt.

Östlich der alten Eichen am unteren Aus-gang zur Paracelsus-Straße befand sich in der Wiese ein tiefer Schacht, vermutlich der eines ehemaligen Schöpfbrunnens. Der Schacht war mit Angulatensandsteinen sauber ausge-mauert und lief konisch nach unten zu. Der runde Deckel über dem Schacht bestand aus zwei hoch über den Rasen hervorstehenden Hälften aus Stubensandstein mit einem Loch in der Mitte, dessen lichte Weite durch einen quer einzementierten Eisenstab verkleinert wurde, so dass keine Gefahr bestand hinein-zustürzen. Gleichwohl hatten wir als Kinder Respekt vor dem tiefen Brunnen, so dass wir uns bäuchlings dem Loch näherten, um „hu-hu" hineinrufend dem Echo zu lauschen. Die Jahre über wurde viel in den Brunnen gewor-fen, und er hatte mächtig an Tiefe verloren. Bei der Neuordnung dieses Gartenteils wur-den die Deckelsteine entfernt und der Brun-nen vollends aufgefüllt. Allerdings ist nicht sicher, ob der Brunnenschacht aus herzogli-cher Zeit stammt, denn er ist im Plan der Englischen Anlage nicht aufgeführt und auch im Plan vom exotischen Garten von 1855 nicht zu finden.

Im Frühjahr 1945, kurz vor Kriegsende, wurde auf dem Plieninger Auffüllplatz an der Bergwand unterhalb des „Wäldle" südlich der Hochbruckstraße noch mit dem Bau von Luftschutzbunkern begonnen. Auch auf der östlichen Seite, wo Herzog Carl Eugen einst einen Wasserfall und eine Grotte erbaute, wurde ein Stollen in den Berg getrieben. Dabei wurde ein aus Stubensandstein schön gemauerter, schmaler Gang freigelegt, der etwa 10 Meter in den Berg hineinlief und verschüttet endete. Der Boden war durch eingeschwemmte Erde so aufgefüllt, dass wir Kinder nur gebückt darin gehen konnten. Wegen Einsturzgefahr wurde der Gang verschlossen und mit den Stollen im Frühsommer zugeschüttet.

„Der alte Thurm bey dem Wasserfall" und „Die Grotte beim Wasserfall" Colorierte Stiche V. Heideloff, 1795

Stellt man die Frage, ob es sich gelohnt hätte, diese Relikte zu erhalten, fällt die Antwort eindeutig aus. Mitten in Rasenflächen funktionslos gewordene Vertiefungen, d. h. die Teichreste und den Gefängnisgraben, zu erhalten, war nicht angezeigt. Schön wäre es gewesen, den See mit der Insel zu retten. Da aber infolge der zunehmenden Bebauung des Wassereinzugsgebiets des Bächleins dessen Wasserschüttung immer weiter zurückging, war dies nicht möglich. Die Reste des Quellhäuschens wären immer eine Gefahrenquelle geblieben. Und die Frage der Erhaltung der Grotte stellte sich 1945 nicht; übrigens steht heute dort das Paracelsus-Gymnasium. Vielleicht wäre der Brunnenschacht noch interessant gewesen. Aber die erneute Ausschachtung, Renovierung und vor allem ständige Pflege sowie Verkehrssicherung wären unangemessen aufwendig gewesen, und dazu war unbekannt, woher er stammt. Wir müssen uns unserer Geschichte bewusst sein - deshalb dieses Aufsätzchen eines Zeitzeugen - wir können jedoch nicht alles erhalten, auch Neues braucht Platz. (A. M. Steiner)

21

**Das
Weizenkorn**

Seit der Mensch mit dem Ackerbau begann, ist das Getreidekorn und im Besonderen das Weizenkorn das Symbol für Nahrung. Und wo Nahrung ist, haben Hunger, Krankheit und Krieg, die großen Geiseln der Menschheit, keinen Raum. Fast die Hälfte aller jährlich weltweit erzeugten Früchte stammen von Getreidearten, allen voran Weizen, Reis und Mais. Deshalb wählte der Gestalter und Produktdesigner Klaus Begasse, der 1954 in Wiesbaden geboren wurde, in Stuttgart Architektur studierte und nun auch arbeitet, das Weizenkorn zum Gegenstand seines Hohenheimer Kunstwerks. Er fand, dass dies Sinn-

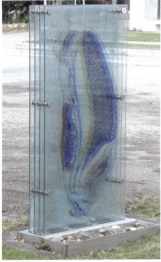

bild für die menschliche Ernährung einer Universität mit einer großen landwirtschaftlichen Tradition und den Lebenswissenschaften als zentralem Anliegen gut anstünde. Zudem liegt Hohenheim von seinen Versuchsländereien umgeben am Rande der Fildern, einer der fruchtbarsten Landschaften unserer Heimat.

Doch Begasse dachte nicht daran, einfach ein Weizenkorn abzubilden, ihm lag daran, es künstlerisch zu veredeln, zu vertiefen, zu verinnerlichen, sozusagen seiner Seele Gestalt zu verleihen. So wählte Begasse einen nur wenige tausendstel Millimeter dicken, mikroskopischen Längsschnitt durch das Weizenkorn als Vorlage für sein Kunstwerk. Ihn faszinierte die graphische Klarheit des Schnittbilds und zugleich der unverhüllt offen liegende, innere Aufbau des Weizenkorns. Denn auf einem solchen Dünnschnitt, der zudem angefärbt ist, um einzelne Strukturen und Inhaltsstoffe hervorzuheben, erkennt man die Gewebe, aus denen sich das Weizenkorn zusammensetzt.

Den auf einem Objektträger auf Glas fixierten, gefärbten Dünnschnitt nahm Begasse auseinander und bildete eine gelbliche Schnittebene, die vermutlich kohlenhydrathaltige Strukturen anzeigt, eine rötliche Schnittebene, die vornehmlich proteinhaltige Zellen anzeigt, und eine blaue Schnittebene, die überwiegend stärkehaltige Zellen anzeigt; Zellwände sind bräunlich gefärbt. Die Abbildungen dieser Farbschichten übertrug er als Siebdruck auf große Glasplatten, wo sie in einer Art Emaillierungsvorgang eingebrannt und durch eine Deckplatte versiegelt wurden. Auf einer weiteren Glasplatte brachte er eine Beschriftung für die wichtigsten Strukturen bzw. Organe des Weizenkorns an. Die vier Platten stellte er im Abstand von 5 cm so hintereinander auf, dass schließlich eine aufrecht stehende Glas-Stele mit den Maßen 200 x 95 x 21 cm entstand: Vorne die Deckplatte gefolgt nach dem Eindruck zunehmender Farbintensität von der gelben, dann roten und abschließend blauen Platte. Von vorne betrachtet setzt sich das ursprüngliche Färbebild wieder zusammen, seitlich betrachtet erkennt man die Schichtung. In künstlerisch wunderbarer Weise verwandelte Begasse so einen zweidimensionalen Dünnschnitt in eine dreidimensionale, transparente Skulptur und entmaterialisierte das Weizenkorn zu einer lichtdurchfluteten Glas-Stele.

Die Glas-Stele „Weizenkorn", mit dem „Turm der Winde" im Hintergrund

Übrigens stellt die Fertigung von größeren, farbigen Abbildungen auf Glas sowie das Verkleben von Glasscheiben auch heute noch ein großes technisches Problem dar. Denn die Farben und Kleber dürfen in der UV-Strahlung der Sonne nicht ausbleichen bzw. spröde werden und müssen darüber hinaus auch gegenüber den Temperaturschwankungen der Witterung widerstandsfähig sein.

Die wichtigsten Gewebe sind auf der Frontscheibe erläutert: Die „Fruchtschale" mit der „Samenschale" verwachsen umhüllt schützend das Weizenkorn. Darunter liegt die „Aleuronschicht", in der sich beim Keimen die für den Abbau der Reservestoffe notwendigen Verdauungsenzyme bilden. Das Innere des Weizenkorns wird vom „Mehlkörper" ausgefüllt, der aus stärkehaltigen Zellen besteht. An der Kornbasis befindet sich das „Schildchen" mit der Embryoanlage. Diese gliedert sich in die „Keimscheide mit der Sprossanlage" und die „Keimwurzel mit der Wurzelhaube". Die Hinweise „Haarschopf" und „Bauchfalte" als äußere Merkmale des Weizenkorns dienen zur Orientierung. Sparsam beschränken sich die Angaben auf das Wesentliche, denn Belehrung soll den Betrachter nicht ermüden und die Beschriftung das Durchscheinende nicht beeinträchtigen.

Der Siebdruck,
stark vergrößert

Das Weizenkorn steht seit 1996 rechts am Eingang zu den Ökologiegebäuden. Es verbindet das Grün mit der Technik, die Verkehrsfläche mit den Baukörpern. Die Garbenstraße entlang gehend sieht man den lamellenartigen Aufbau der Glas-Stele sich auffächern, von der August-von-Hartmannstraße her kommend führt der Weg an der Betonwand des Vorplatzes entlang frontal auf das Weizenkorn zu. Besonders eindrucksvoll ist seine Ansicht aus dem Foyer des Ökologiegebäudes heraus. Beherrschend steht es da und verbindet wie ein Scharnier die Wegeführung im Außenbereich. Des Nachts wird die Glas-Stele von unten angestrahlt selbst zur strahlenden Leuchte, und die Farbkomposition der Schnittbilder tritt attraktiv in Erscheinung.

Die gläserne Unauffälligkeit und gleichwohl durchscheinende Körperlichkeit, die elegante Leichtigkeit und gleichwohl symbolische Mächtigkeit machen das Weizenkorn zu einem höchst feinsinnigen, bedeutungsvollen und beziehungsreichen Kunstwerk. „Unser täglich Brot gib uns heute" ist die weltliche Bitte im Vater Unser. Diese lebenserhaltende Bitte spricht jeder aus vollem Herzen, und das Weizenkorn steht dafür. (A. M. Steiner)

Die Glas-Stele „Weizenkorn" blauschimmernd zwischen den Ökologiegebäuden

Die Staudenterrasse mit dem Franziska-Denkmal in der Morgensonne, Vorfrühling

22

**Das Schloss
Hohenheim**

Einerseits darf in einer Darstellung der historischen Baudenkmale in Hohenheim das Schloss nicht fehlen, andererseits würde eine auch nur annähernd hinreichende Beschreibung der Geschichte des Schlosses und seiner Vorgängerbauten den Rahmen dieses Buches sprengen. Der Leser sehe es deshalb bitte nach, wenn das Hohenheimer Schloss hier nur holzschnittartig knapp vorgestellt wird.

Hohenheim liegt auf einem fruchtbaren Höhenrücken zwischen dem Ramsbachtal und dem Körschtal und zugleich zwischen den alten Ortschaften Plieningen und Birkach. Der Ortsname mit der Endung „–heim" deutet darauf hin, dass hier um 900 ein fränkisches Gut gegründet wurde. Die erste schriftliche Nachricht von Hohenheim haben wir aus dem Schenkungsbuch des Klosters Hirsau um 1100. Dort wird vermerkt, dass ein „Egilolfus von Hohenheim" dem Kloster 10 Hektar Land schenkte. Später werden als Besitzer die Bombaste von Hohenheim erwähnt, die den Ort allerdings um 1420 verließen. Ein Spross dieser Bombaste war der berühmte Naturforscher, Arzt und Theologe Theophrast von Hohenheim genannt Paracelsus. Vom 15. bis zur Mitte des 16. Jahrhunderts gehörte Hohenheim ebenso wie etwa Möhringen oder Vaihingen zum Katharinenspital in Esslingen. Erst 1567 wurde Hohenheim württembergisch. Nachdem Hohenheim im 30-jährigen Krieg fast gänzlich zerstört worden war, erwarb 1676 der Augsburger Patrizier und kaiserliche Beamte Emanuel Garb das Gut. Er erbaute dort auf dem unregelmäßigen Grundriss der mittelalterlichen Burg ein frühbarockes Wasserschloss.

Im Jahr 1769 wurde Hohenheim von Herzog Carl Eugen vereinnahmt. Er nutzte das Garbsche Schlösschen, um seine jeweilige Mätresse darin unterzubringen. Das Schlösschen war von einem barocken Ziergarten sowie einem Gemüse- und Kräutergarten umgeben und lag inmitten einer Obstbaumplantage. Im Jahr 1772 schenkte Carl Eugen das Schlösschen seiner Geliebten Franziska von Leutrum. Anders als ihre Vorgängerinnen behielt sie die Zuneigung des Herzogs und somit auch Hohenheim bis an dessen Lebensende, mehr noch, die beiden bauten Hohenheim aus. Nördlich des Schlösschens entstanden ab 1772 ein Wohnflügel und ein Flügel für den bäuerlichen Betrieb.

„Das Schloß zu Hohenheim". Colorierter Stich nach V. Heideloff, 1795

Immer häufiger hielt sich Carl Eugen nun in Hohenheim auf, und ab 1776 wurde Hohenheim Sommerresidenz. In dieser Zeit entstand auch die so genannte „Englische Anlage", ein bald in ganz Europa beachtetes Gartenkunstbauwerk. Nach 15 Jahren des Zusammenlebens reifte bei Carl Eugen und Franziska der Entschluss, ihre Beziehung durch Heirat zu legitimieren. Namentlich Carl Eugen wollte dadurch sein „Franzele" vor den Anfeindungen am Hof und aus der herzoglichen Familie schützen. Tatsächlich heirateten Carl und Franziska am 11. Januar 1785. Im selben Jahr beschlossen sie auch, in Hohenheim ein neues, großes Residenzschloss zu bauen. Das alte Garbsche

Schlösschen wurde abgerissen und darüber das heutige Schloss Hohenheim mit den wuchtigen Eckrisaliten und dem großen Balkon erbaut. Nach dem Vorbild Versailles sollte ein Residenzschloss entstehen, dessen Raumachsen auf das Zentrum, den Sitz des absoluten Herrschers bezogen sein sollten. Beim Sonnenkönig Ludwig XIV. von Frankreich sollte dadurch die dominierende Rolle des Königs versinnbildlicht werden, der wie eine Sonne ins ganze Land ausstrahlt. Deshalb war in Versailles das Zentrum der ins Land weisenden Achsen das Schlafzimmer des Königs. Carl Eugen kopierte dieses Schema, nur dass in Hohenheim das Zentrum des Achsensystems der Balkon vor dem Schloss und nicht das Schlafzimmer des Herzogs war. Dies wurde zu Herzogs Zeiten besonders an der repräsentativen Planie vor dem Schloss deutlich.

Blick von der Turmallee nach Süden in den Schlossinnenhof

Weitgehend ohne Bewuchs diente die Fläche vor dem Schloss der Strahl- und Fernwirkung der Achsen. Erst ab 1829 veränderte die Anlage eines Botanischen Gartens das Bild auf der Schloss-Südseite. Freilich wurde auch der Botanische Garten schon ab Mitte des 19. Jahrhunderts vornehmlich als Parkanlage zur „Verschönerung des Schlosses" verstanden und weniger als Unterrichtsmittel. Stärker wurde die Fernwirkung des Schlosses und seiner Achsen dann allmählich durch die Anlage eines Baumgürtels für die 1820 bis 1881 in Hohenheim weilenden Forstleute eingeschränkt. Dennoch - auch heute noch kann das Achsensystem klar an der Wegeführung rund um das Schloss erkannt werden.

Doch zurück zum Schlossbau: Das neue Schloss wurde ein veritables Residenzschloss mit 75 Räumen und einer gewaltigen Breitenausdehnung von 570 Metern, was etwa der Entfernung vom Hauptbahnhof in

Stuttgart zum Alten Schloss entspricht. Der Bau zog sich freilich mehrere Jahre hin. Nach acht Jahren war der Rohbau und der Innenausbau im östlichen Teil fertig. Im westlichen Teil fehlten oft noch der Wandschmuck, die Böden, Öfen, und Fenster. Bei diesem Stand des Baues starb Herzog Carl Eugen im Oktober 1793 in der provisorischen Wohnung, dem heutigen Speisemeistereiflügel.

Obwohl Carl Eugen sein „Franzele" testamentarisch gut versorgt hatte, vertrieb die herzogliche Familie den in ihren Augen illegitimen Emporkömmling Franziska aus Hohenheim, ja sogar aus Stuttgart. Franziska, seit 1791 rechtmäßige Herzogin von Württemberg, musste fern des Hofes zurückgezogen auf ihrem Eigengut Sindlingen und auf ihrem Witwensitz in Kirchheim Teck leben. In Kirchheim Teck starb Franziska 1811, 18 Jahre nach ihrem geliebten „Carl Herzig".

Die Nachfolger Carl Eugens schenkten dem noch unfertigen Schloss in Hohenheim nur wenig Aufmerksamkeit. Im Grunde stand es 25 Jahre lang als unvollendete Baustelle leer, und man erwog sogar den Abriss.

Das Schloss Hohenheim aus der Vogelperspektive.
Lithographie, Hohenheim, 1863.

In den Jahren 1816 und 1817 kam es in Württemberg infolge von zwei fast vollständigen Missernten zu Hunger, Armut und Verbitterung. Diese Situation war für das eben erst auf den württembergischen Thron gelangte, junge Königspaar Wilhelm I. und Catharina Pawlowna politisch gefährlich. Rasche Gegenmaßnahmen waren geboten, und beide reagierten auch bemerkenswert schnell. Königin Catharina kümmerte sich um die Soforthilfe, die Wohlfahrtspflege. Um jedoch eine kontinuierliche und ausreichende Versorgung der Bevölkerung mit Lebensmitteln zu gewährleisten, waren tief greifende wirtschaftliche Reformen nötig. Um diese kümmerte sich König Wilhelm. Zunächst gründete er einen Landwirtschaftlichen Verein mit der Zentralstelle in Stuttgart und dazu am 20. November 1818 im verwaisten Schloss Hohenheim ein Landwirtschaftliches Institut. Im Schlossmittelbau und rund um den mittleren und westlichen Hof fanden Vorlesungsräume, Labors, Bibliotheken und auch die Wohnungen für die Professoren und Studenten Platz. Im östlichen Hof lagen die zum Institut gehörigen Einrichtungen der Gutswirtschaft und der Ackerbauschule mit den Wohnungen für deren Schüler. Im südlichen Flügel des Osthofs waren die Chemie und die landwirtschaftliche Technologie mit größeren Werkstätten und Labors untergebracht. Diese Nutzung des Schlosses blieb für über hundert Jahre weitgehend unverändert.

Ab Ende der 1950er Jahre wurde der Schlossbereich baulich neu gestaltet. Zwischen 1957 und 1967 wurden die Gebäude rund um den westlichen Hof abgerissen und in alter Gestalt, jedoch mit moderner Bausubstanz neu aufgebaut. Dasselbe geschah zwischen 1969 und 1970 mit den Flügeln im Osthof sowie einem Flügel im Mittelhof.

Der südliche Flügel des Osthofs war 1930 abgebrannt und vordem nicht wieder aufgebaut worden. Im Jahr 1967 begann schließlich auch die Renovierung des Schloss-Mittelbaus, die bis 1986 dauerte. Die historische Speisemeisterei wurde sogar erst 1993 fertig gestellt. So wurde der historische Bestand des in vielerlei Hinsicht einmaligen Schlosses Hohenheim dauerhaft erhalten, das Schloss zugleich aber auch den Ansprüchen an einen modernen Universitätsbetrieb angepasst. (U. Fellmeth)

Schloss Hohenheim in der Frühlingssonne

Schloss Hohenheim im Herbstlicht

23

Das Königin Catharina-Denkmal

Im Januar 1816 heirateten in Petersburg die Großfürstin Ekaterina Pawlowna von Russland und Kronprinz Wilhelm Friedrich Karl von Württemberg. Noch im Oktober dieses Jahres starb der Vater Wilhelms, König Friedrich I. von Württemberg. Wilhelm wurde sein Nachfolger und Catharina damit württembergische Königin. Doch schon im Januar 1819 verstarb auch Catharina. Nur wenig mehr als zwei Jahre war sie Königin von Württemberg gewesen, aber was hat sie in diesen Jahren der Not und des Aufbruchs nicht alles geschaffen! Deshalb wurde ihr zu Ehren am 28. Mai 2008, eine Woche nach ihrem 220. Geburtstag, unter großer Anteilnahme der Öffentlichkeit in festlichem Rahmen ein Denkmal gesetzt, das erste Königin Catharina-Denkmal.

Das Catharina-Denkmal steht im südlichen Teil des Hohenheimer Schlossparks oberhalb der Pappelallee westlich am

Schlängelweg auf der Lichtung unterhalb des Waldgürtels mit dem herrlichen Blick über den Weinberg hinweg weit hinaus ins Land bis zur Schwäbischen Alb. Das Denkmal ist 3,60 m hoch und dreigeteilt. Die Basis bildet ein niederes quadratisches Prisma mit einer Kantenlänge von 95 cm und einer Höhe von 45 cm. Darauf ruht schräg abgeflacht 10 cm zurückgesetzt nochmals ein quadratisches Prisma mit einer Höhe von knapp 90 cm als Sockel. Auf diesem steht nun 8 cm zurückgesetzt ein sich nach oben verjüngender, 2,30 m hoher Steinpfeiler mit einer pyramidenförmigen Spitze, ein Obelisk. Die Spitze mit waagrechter Textur ist aufgesetzt, da die Textur des Jura Travertin des Obelisken senkrecht verläuft und damit anfällig wäre gegenüber saurem Regen und sprengender Eisbildung in den Gängen des Steins.

Das Denkmal schuf der bekannte Plieninger Bildhauer Markus Wolf, der auch das Franziska-Denkmal im Exotischen Garten gestaltete. Er entwarf es im klassizistischen Stil der Zeit Catharinas, dem beginnenden 19. Jahrhundert. Als Stein wählte er den schönen, warmen Jura Rahmweiß Travertin, ein witterungsbeständiges Sedimentgestein aus dem Altmühltal bei Pappenheim. Um Steine in der benötigten Größe und Qualität zu erhalten, müssen dort zunächst Abraum und Weißjura-Schichten in einer Höhe von 35 - 40 m abgetragen werden, erst dann liegt die geeignete Juraschicht frei. Aus dieser werden Blöcke von etwa 4 x 3 x 1,3 m gebrochen, die ungefähr 40 t wiegen. Diese riesigen Blöcke werden mindestens einen Winter lang im Freien gelagert und müssen vor der Verarbeitung völlig trocken sein. Von diesen Blöcken werden kleinere Werkstücke in der von den Bildhauern gewünschten Größe hergestellt. Mit diamantbesetzten, runden Blocksägen mit Durchmessern von 3 m und mehr werden die Werkstücke auf Maß gebracht. Anschließend werden ihre Flächen mit Handschleifmaschinen, die mit Korundschleifsteinen bestückt sind, nachgeschliffen, um die teilweise tiefen Sägeriefen vom groben Vorschnitt zu beseitigen. Eine besondere Schwierigkeit stellt die Bewegung der Werkstücke dar, die meist um die 2 t schwer sind. Kleinste Unachtsamkeiten können zur Beschädigung der empfindlichen Kanten und Flächen führen. Beim Transport mit Kran und Gabelstapler ist deshalb größte Vorsicht geboten, und die Werkstücke werden dabei auf Kunststoffmatten gelagert. So wurden die für das Catharina-Denkmal vorgesehenen drei Werk-

stücke gefertigt: die Basis mit einer Masse von etwa 1,2 t, der Sockel mit etwa 2,0 t und der Obelisk mit etwa 2,2 t.

Bei diesen drei Teilen des Catharina-Denkmals verfüllte Bildhauer Wolf mit einer Spezialmasse die noch verbliebenen Poren und schliff die Flächen allseitig nochmals sorgsam nach. Sodann wurden auf dem Sockel und Obelisken die vorgesehenen Inschriften mit einem Pinsel direkt auf die Steinoberflächen geschrieben. Auf diese Weise entsteht der eigene und besondere Charakter der „Wolfschen Kapitalis", einer von der ursprünglichen Schriftart „Römische Kapitalis" weiterentwickelten Schriftart. Um die Eigenheiten und Feinheiten dieser eleganten und sensiblen Schrift unmittelbar auf den Stein zu übertragen, werden die Schriftzeichen mit einem kleinen Presslufthämmerchen sehr behutsam in den Stein geschlagen. Ein geübter Steinmetz schafft etwa 40 Schriftzeichen pro Tag. Die Schriftzeichen werden schließlich mit einer blaugrauen Farbe eigener Rezeptur ausgemalt. Der so entstehende dunkle, doch strahlende Farbton kontrastiert angenehm zum verhalten leuchtenden rahmweißen Farbton des Steins und lässt die Schrift deutlich hervortreten; die Schrift ist auch aus größerem Abstand gut lesbar. Das Medaillon mit Catharinas Portrait im Profil, das den Obelisken ziert, hat einen Durchmesser von 45 cm und ist einer

Münze nachgebildet. Es wurde in Gips ge-
schnitten, in Bronze abgegossen und zise-
liert sowie patiniert, d. h. nachgearbeitet und
die Oberfläche künstlich getönt. Die drei
vorgefertigten Teile Basis, Sockel und Obelisk wurden schlussendlich an Ort und Stelle
mit ausgleichenden Bleipunkten verbunden
aufeinander gestellt. Übrigens, das insgesamt rund 5,4 t schwere Denkmal ruht auf
neun armierten Betonsäulen von einem
Durchmesser von 15 cm, die 2,40 m in den
Boden hineinreichen und ihm festen Halt
geben.

Fragen wir nun, wer Catharina war, so
gibt uns das Denkmal gute Auskunft, denn
es trägt auf allen vier Seiten Inschriften.
Nach Süden ist oben am Obelisken das
Bronze-Medaillon mit dem Porträt Catharinas angebracht. Darunter steht: „Catharina
Pawlowna Königin von Württemberg Gross-
fürstin von Russland - 21. Mai 1788 Zarsko-
je Selo - 9. Jan. 1819 Stuttgart". Und auf
dem Sockel liest man
den Spruch: „In Zeiten
voller Nacht wandelte
sie unter uns leuchtend
wärmend bis wieder die
Sonne kam - Da gieng
sie" (Anm.: „gieng" ist
Originalschreibweise).
Auf der nach Westen
gewandten Seite trägt
der Obelisk die
Inschrift: „Gemahlin
von König Wilhelm I.
von Württemberg 1781-
1864 - Tochter des
Zaren Paul I. von Russ-
land 1754-1801 und von
Zarin Maria Feodo-
rowna geborene Sophie Dorothea von Württemberg 1759-1826". Der Spruch auf dem

Sockel lautet: „Wo sie eintrat trat auch Licht und Fröhlichkeit ein". Auf der nach Osten gewandten Seite des Obelisken sind Catharinas große Gründungen angeführt: „Württembergische Spar-Casse – Central Stelle des

Landwirtschaftlichen Vereins – Landwirtschaftliches Institut Hohenheim – Central Stelle des Wohltätigkeitsvereins – Königin - Katharina - Stift – Russisch Orthodoxe Gemeinde – Katharinenhospital". Der Sockel trägt den Spruch „Catharinas Leben ist nicht spurlos entschwunden es dauert fort in seinen Saaten".

Die Inschrift auf der Nordseite ergänzt: „Gemahlin von Prinz Georg von Oldenburg 1784-1812 - Enkelin von Zarin Catharina II. von Russland 1729-1796 und von Herzog Friedrich Eugen von Württemberg 1732-1797. Der Spruch hier lautet: „Ich muss wirken solange es Tag ist - Es kommt die Nacht da niemand wirken kann".

Was berichten uns diese Inschriften? Zuerst sagt uns der Name der Mutter, dass Wilhelm und Catharina Vetter und Base waren. Denn die Zarin Maria Feodorowna geborene Sophie Augusta war die Tochter Herzog Friedrich Eugens von Württemberg-Mömpelgard, dem jüngsten Bruder Herzog Carl Eugens, und König Friedrich I., der Vater Wilhelms I., war ihr Bruder. Catharinas erster Gemahl, Prinz Georg von Oldenburg, war 1812 an Typhus gestorben. Die verwitwete Catharina und Wilhelm hatten sich 1815 auf dem Wiener Kongress kennen gelernt. Sodann bezeugen die Sprüche aus zeitgenössischen Quellen, dass die Zeiten damals voller Nacht waren, Catharina aber des ungeachtet Licht, Wärme und Fröhlichkeit brachte und ihre Werke von Dauer sind, auch wenn sie früh gehen musste.

Zu Zeiten Catharinas herrschte in Württemberg große Not. In den napoleonischen Kriegen war das Land verarmt. Dazu führten die Missernten ab 1811 und zuletzt die schreckliche Hungersnot der Jahre 1816/17 zu einer schweren Wirtschaftskrise. Ferner bedurfte es der Umstellung der Wirtschaft von der vorherrschenden Landwirtschaft auf Gewerbe und Industrie. Während die Frauen des Hauses Württemberg bisher kaum Einfluss auf das politische Geschehen genommen hatten, war dies bei Catharina anders. Aufgrund ihrer hohen Herkunft und ihrer politischen, kulturellen und religiösen Prägung - Catharina war unter dem Einfluss ihrer Großmutter Zarin Catharina II., der Großen, aufgewachsen - ergriff sie tatkräftig und sozial eingestellt Initiativen zur Überwindung der Notsituation und zugleich für eine langfristig fortschrittsorientierte Entwicklung des Landes. Um jedem Bürger Zugang zu einer Bank zu ermöglichen, gründete sie die Württembergische Spar-Casse, aus der die Landesgirokasse Stuttgart (LG) und schlussendlich die LBBW und die BW-Bank hervorgingen. Aus der Central Stelle des Landwirschaftlichen Vereins, die Wilhelm mit ihr gründete, wurde über Abteilungen im Kultusministerium und im Wirtschaftsministerium das heutige Ministerium für Ernährung und Ländlichen Raum. Das von Wilhelm I., dem „König der Landwirte", und Catharina gegründete Landwirtschaftliche Institut Hohenheim entwickelte sich über die Landwirtschaftliche Akademie und Hochschule zur heutigen Universität Hohenheim. Die Central Stelle des Wohltätigkeitsvereins, die Catharina als ihr besonderes Anliegen persönlich leitete, wurde zum Landeswohlfahrtswerk, heute Wohl-

Östliche Balustrade

fahrtswerk für Baden-Württemberg. Das Königin-Katharina-Stift, zur Hebung des Bildungsstands der weiblichen Jugend als Internat gegründet, ist heute traditionsreiches Stuttgarter Gymnasium. Und wer wollte in Stuttgart das Katharinenhospital missen, das von Catharina gegründet erst nach ihrem Tod eingeweiht wurde? Nicht zuletzt scharte Catharina eine Russisch-Orthodoxe Gemeinde um sich und leitete damit eine Entwicklung ein, die Königin Olga und Herzogin Wera fortführten.

Der treffliche Spruch eines Zeitzeugen, des Stuttgarter Pfarrers und Schriftstellers Gustav Schwab, der auf dem Denkmal steht: „Catharinas Leben ist nicht spurlos entschwunden, es dauert fort in seinen Saaten.", gilt auch heute noch nach nahezu 190 Jahren und wird weiter seine Gültigkeit behalten. Deshalb hat ein Kreis an der Geschichte Württembergs Interessierter unter der Führung des in der Landesgeschichte bewanderten Dr. Gerhard Raff aus Degerloch und des in der Verwaltung erfahrenen Bürgermeisters a. D. und Ministerialdirektors i. R. Rolf Lehmann aus Birkach die Initiative ergriffen, Catharina ein Denkmal zu setzen, auf dass die Erinnerung an diese große Wohltäterin Württembergs wach bleibe. Der Rektor der Universität Hohenheim Prof. Hans-Peter Liebig unterstützte das Vorhaben, und, wie auf der Basis zu lesen, die BW-Bank stiftete hochherzig das Denkmal in Erinnerung an die Gründerin ihres ältesten Vorgängerinstituts. Den in den denkmalgeschützten Hohenheimer Gärten genehmigungsfähigen und schönen Standort suchte der ehemalige Gartenbeauftragte der Universität Hohenheim Prof. Adolf M. Steiner aus Plieningen aus, und Gärtnermeister Michael Schurer richtete das grüne Umfeld.

Westliche Balustrade

Es ist höchst erfreulich, dass das Catharina-Denkmal im Hohenheimer Schlosspark aufgestellt wurde, wo sich die vielen Besucher der Hohenheimer Gärten mit Königin Catharina als einer die Landesgeschichte Württembergs nachhaltig prägenden Persönlichkeit in Ruhe und Muße beschäftigen können. (A. M. Steiner)

Blick vom Catharina-Denkmal über den Weinberg auf
Plieningen mit der Martinskirche und die Schwäbische Alb.
Rechts neben dem nach Westen geneigten
Turmhelm die Achalm

Literaturhinweise

Fellmeth, U., Eine historische Deutung der Gebäude des „Englischen Gartens" in Hohenheim. In: Zeitschrift für Württembergische Landesgeschichte 50 (1991). S. 390-400.

Fellmeth, U., Goethes Besuch in Hohenheim. In: Schwäbische Heimat 3/1992. S. 232-242.

Fellmeth, U., Die Gärten und Parks von Hohenheim. In: Szymczyk-Eggert, E., Luz, H., Rücker, K., Gärten und Parks in Stuttgart. Stuttgart 1993. S. 126-134.

Fellmeth, U., Die Gärten von Hohenheim. In: Gartenführer, Universität Hohenheim. Stuttgart 1993. S. 5-15.

Fellmeth, U., Quast, K. (Hg.), Faszination Labyrinth – Eine Kulturgeschichte des Labyrinths. Hohenheim 2004

Koch, G. und Bäßler, R.: Landesarboretum Baden-Württemberg Gehölzkatalog. (2008). Universität Hohenheim, Versuchsstation für Gartenbau (305).

Steiner, A. M., Die Hohenheimer Gärten, historisch gewachsene Gärten vielgestaltiger Gartenkunst. Der Goldene Pflug (Deutsches Landwirtschaftsmuseum) 14, (2002). S. 4-9.

Steiner, A. M., Die Hohenheimer Gärten – Zur Entstehungsgeschichte des neuen Landschaftsgartens. Der Goldene Pflug (Deutsches Landwirtschaftsmuseum) 17 (2003). S. 12-15.

Steiner, A. M., Die Hohenheimer Gärten und ihre Aufgabenstellung. Der Goldene Pflug (Deutsches Landwirtschaftsmuseum) 23 (2006). S. 40-44.

Steiner, A. M., Die Leitlinien der planerischen Gestaltung, Pflege und Präsentation der Hohenheimer Gärten vom Ende des 18. Jahrhunderts bis zur Gegenwart. Der Goldene Pflug (Deutsches Landwirtschaftsmuseum) 27 (2008). S. 7-12.

Abbildungsnachweis

Aus: Franziska Gräfin Adelmann, Ludwigsburger Geschichtsblätter 28 (1976)
S. *54, 55, 56, 57 u.*

Archiv der Universität Hohenheim
S. *10, 11, 13, 15, 17, 18, 19, 21o., 22, 25, 28, 31, 32, 34 o., 35, 36, 37, 38, 39, 41, 42 o., 50, 57 o. , 59, 60, 61, 62, 64, 65, 66 o., 69, 70, 71 u., 75, 76, 77, 79 o., 80, 81, 82, 83, 86, 87, 89, 91, 93 u., 94, 96, 97, 98, 100, 101*

Atelier-Lunke.de
S. *40*

R. Bässler
S. *20, 24, 29 u., 34 u.*

M. Frisch
Umschlagbilder und S. *6, 8, 9, ,12, 14, 16, 21u., 23, 26, 27, 29 o., 33, 42 u., 44, 45, 47, 49, 53 u., 58, 63, 66 u., 71 o., 72, 74 u., 79 u., 90, 93 o.*

Aus: H. Kern, Labyrinthe. München 1982
S. *68*

Landeshauptstadt Stuttgart, Stadtmessungsamt
Gegenüber Inhaltsangabe

S. Rühle
S. *51*

S. Spiess / A. M. Steiner
S. *3, 4, 5, 7, 53 o., 73, 74 o., 84, 85, 87, 95*

Die Autoren

Prof. Dr. ULRICH FELLMETH
Universität Hohenheim, Universitätsarchiv (573),
70593 Stuttgart
fellmeth@uni-hohenheim.de

Prof. Dr. MATTHIAS FRISCH
Vormals Universität Hohenheim (350), jetzt
Justus-Liebig Universität Gießen
Institut für Pflanzenbau und Pflanzenzüchtung II
matthias.frisch@agrar.uni-giessen.de

Prof. i. R. Dr. Dr. h. c. ADOLF MARTIN STEINER
Universität Hohenheim, Institut für Pflanzenzüchtung,
Saatgutforschung und Populationsgenetik (350),
70593 Stuttgart
steiner@pz.uni-hohenheim.de

A. M. Steiner, U. Fellmeth, M. Frisch

Hohenheimer Gärten – Geschichte und Kunst.

Herausgegeben vom Archiv der Universität Hohenheim.
Stuttgart-Hohenheim 2008.

ISBN 978-3-923107-43-8